J'OUVRE MA **BOÎTE**

Valérie MARCH

COMMENT **DÉVELOPPER VOTRE ACTIVITÉ** GRÂCE AUX

# MÉDIAS SOCIAUX

**2e édition**

Facebook, Twitter, LinkedIn, Instagram et les autres plateformes sociales



DUNOD

«J'ouvre ma boîte» est une collection créée en partenariat avec le Salon des micro-entreprises et Place des réseaux, le web magazine des entrepreneurs en réseau.

## Du même auteur

*L'affiliation. Pourquoi ? Comment ?*, Éditions d'Organisation, 2004.

5 rue Laromiguière, 75005 Paris
www.dunod.com
ISBN : 978-2-10-072124-5

# Remerciements

Je tiens tout d'abord à remercier mes parents pour leur support et leur affection inconditionnelle.

Alain Bosetti, pour tout ce qu'il m'a permis d'apprendre au fil des années sur l'entrepreneuriat et la communication.

Merci également aux experts et entrepreneurs interviewés, ils permettent à ce livre d'être, je l'espère, plus vivant et encore plus pertinent pour vous : Damien Anfroy, Laurence Body, Marie-Alice Boyé, Fadhila Brahimi, Laurent Cellier, Nicolas Cohen, Cédric Deniaud, Sandie Carol Dougnac, Émeric Ernoult, Olivier Fecherolle, Edward Grospiron, Natacha Heurtault, Éric Hibelot, Mathilde Lauriau-Tedeschi, Martin Le Pechon, Marine Lucas, Isabelle Mathieu, Éric Messeca, Emmanuelle Mordacq, Émilie Ogez, Alice Riehl, Christophe Vieira.

Merci enfin à Odile Marion pour sa confiance tout au long de ce projet, à Chloé Schiltz et Julie Robert pour leurs relectures attentives.

# Sommaire

# Avant-propos

**À qui s'adresse ce livre ?**

À tous les entrepreneurs ! Que vous soyez en cours de création de votre entreprise ou que vous l'ayez déjà créée, vous trouverez dans ce livre des exemples et des conseils d'usage des médias sociaux, adaptés aux besoins et aux objectifs des petites entreprises. Et ce, quel que soit votre secteur d'activité : consultant, commerçant, artisan d'art, professionnel des services à la personne, concepteur de sites Internet… Les conseils que nous partageons peuvent être mis en place avec des budgets quasi nuls.

**Deux objectifs pour cet ouvrage** :

→ D'une part, vous aider à répondre aux questions que vous vous posez sûrement : qu'est-ce que les médias sociaux peuvent vous aider à accomplir ? quels objectifs suivre ? quel média social choisir ? pour y faire quoi ? combien de temps faudra-t-il y consacrer ? qu'allez-vous y raconter ?

→ D'autre part, pour ceux d'entre vous qui souhaitent passer à l'action, vous donner des conseils pratiques pour bâtir votre approche et vous lancer.

**Un livre structuré en 4 parties** :

→ **Chapitre 1** : nous dressons un panorama des médias sociaux qui vous permet de mieux les connaître, de vous concentrer sur ceux qui comptent vraiment et d'aborder leurs usages, leurs forces, leurs faiblesses, leur intérêt.

→ **Chapitre 2** : nous analysons les sept grands usages des médias sociaux quand on crée son activité. Vous verrez dans cette partie que tous ces usages ne sont pas forcément pertinents pour toutes les entreprises. Votre secteur d'activité ainsi que la typologie de votre clientèle doivent être pris en compte.

→ **Chapitre 3 :** nous vous donnons les clés pour définir votre plan d'action médias sociaux. Quel média choisir ? Pour y faire quoi ? Quels sont les facteurs clés de succès ? Comment mesurer votre action ? Quel plan de recrutement mettre en place ? Voici quelques-unes des questions auxquelles nous répondons ensemble.

→ **Chapitres 4 à 9 :** nous vous invitons à passer à l'action. Vous y trouverez une série de guides pratiques qui vous aident à démarrer votre action sur les principaux médias sociaux ainsi que des ressources pour approfondir vos usages. Cette partie a vraiment pour objectif de vous faire gagner du temps et de vous éviter les principales erreurs quand vous lancerez votre activité.

Enfin, nous avons associé à cet ouvrage du **contenu en ligne complémentaire**, réservé aux lecteurs. Vous trouverez notamment des informations sur des outils tels qu'Hootsuite, Scoop.it et Pearltrees qui peuvent vous aider à gagner en efficacité, des modèles de documents utiles (ex. : un calendrier éditorial) ainsi qu'un glossaire.

Pour le télécharger, rendez-vous sur la page de l'ouvrage, sur le site Dunod :

**www.dunod.com**

Bonne lecture !

# 1

# Comprendre les médias sociaux

*Dans la vie, rien n'est à craindre, tout est à comprendre.*
MARIE CURIE

## Objectifs

›››› Comprendre ce que l'on entend par « médias sociaux ».

›››› Identifier les cinq bonnes raisons de s'y intéresser.

›››› Reconnaître les médias incontournables.

# Parlons le même langage

## Qu'est-ce qui caractérise les médias sociaux ?

Les médias sociaux sont toutes les applications qui existent sur Internet et qui permettent aux internautes de :

→ **Publier et partager facilement du contenu**, et ce, quelle qu'en soit la forme (texte, hyperliens, photos, vidéos...). C'est la dimension média.

→ **Interagir avec le contenu, les autres internautes et son réseau.** C'est la dimension sociale des médias sociaux.

## Pourquoi tant de succès ?

Depuis quelques années, les médias sociaux sont entrés dans notre quotidien, ou *a minima* dans notre cercle familial. Les théories ne manquent pas pour expliquer comment un réseau social tel que Facebook comptabilise plus de 1,3 milliard d'utilisateurs actifs chaque mois dans le monde.

Tout d'abord, la plupart de ces outils sont gratuits et faciles à utiliser : il n'y a donc pas de barrière à l'usage. Ensuite, ils intègrent des fonctionnalités qui facilitent et encouragent le partage d'informations et donc une certaine viralité. La quantité de contenu produit gratuitement par leurs membres les rend très visibles sur les moteurs de recherche. Enfin, leur mécanique même s'appuie sur des moteurs psychologiques forts, tels que le besoin d'appartenance et le besoin de reconnaissance.

## Médias sociaux *versus* réseaux sociaux

Les réseaux sociaux sont un sous-ensemble des médias sociaux. Leur principale fonction est de proposer aux internautes de créer leur profil, d'entrer en contact direct avec leur réseau personnel ou professionnel et de recréer un cercle de relations sur Internet. Les interactions entre les « membres » sont au cœur de l'outil. En d'autres termes, sur un réseau social tel que Facebook, si vous n'êtes connecté avec personne, l'outil ne présentera aucun intérêt, alors que sur une plateforme de diffusion de contenu telle que YouTube, vous pouvez tout à fait regarder ou diffuser une vidéo sans aucune connexion avec les autres membres de YouTube.

En France, les principaux réseaux sociaux sont Facebook, Viadeo, LinkedIn, Google+ et Twitter.

Dans ce livre, en plus des réseaux sociaux, nous étudions les possibilités offertes par les plateformes de diffusion de contenus, telles que YouTube pour les vidéos ou SlideShare pour les présentations PowerPoint. Elles font également partie des médias sociaux. Dans cette nouvelle édition, nous abordons également l'intérêt que peuvent présenter des médias plus jeunes tels que Pinterest ou Instagram.

## Et les blogs dans tout ça ?

Les blogs ont été l'un des premiers outils de publication de contenu sur Internet. De ce fait, les plateformes de création de blogs (Wordpress, Blogger) font partie des médias sociaux. Nous les mentionnons comme outils sans entrer dans les détails de leur mode de fonctionnement. Ces aspects sont couverts dans l'ouvrage *Créateurs d'entreprise, optimisez votre développement grâce au Web*, dans la même collection, « J'ouvre ma boîte ».

# Cinq bonnes raisons d'utiliser les médias sociaux

## À nouveau métier, nouveau réseau

Seuls 25 % des créateurs d'entreprise ont dans le passé déjà créé ou repris une entreprise[1] ; la majorité d'entre vous devront, en créant leur entreprise, apprendre un nouveau métier, celui d'entrepreneur. Par ailleurs, en 2013, 95 % des entreprises créées n'avaient pas de salariés[2].

**AVIS D'EXPERT**

**Alain Bosetti, président de Planète micro-entreprises, fondateur du Salon des micro-entreprises**

■ **En quoi est-il important pour un créateur d'entreprise de travailler son réseau relationnel au lancement de son activité ?**

« Le réseau de l'entrepreneur peut et doit l'aider à gagner du temps dans son activité quotidienne et lui permettre de profiter de l'expérience d'autres entrepreneurs, pour éviter certaines erreurs. Le besoin de bien s'entourer, de pouvoir s'appuyer sur d'autres professionnels pour identifier les bons partenaires, prestataires, est encore plus grand pour les nouveaux entrepreneurs, ceux qui auparavant étaient salariés d'une entreprise. Beaucoup d'entrepreneurs souffrent d'isolement et ont l'impression de porter seuls leur entreprise. Ce sentiment n'est pas une fatalité et n'est sûrement pas un gage de réussite, bien au contraire. Un réseau professionnel peut les aider. »

L'intérêt pour vous des réseaux sociaux virtuels est simple : ils doivent vous permettre :

- d'identifier des prestataires et des fournisseurs et, selon leur degré de proximité avec vos propres contacts, d'obtenir des avis et recommandations ;

1. Source : APCE.
2. Source : APCE, Rapport « La création d'entreprises en France en 2013 ».

- d'entrer en contact avec d'autres entrepreneurs ;
- de vous appuyer sur votre réseau de contacts actuels pour trouver des clients.

Enfin, les réseaux sociaux intègrent des fonctionnalités qui vous permettent de tenir au courant facilement votre réseau de vos évolutions. C'est une autre manière de les associer à votre projet.

## Des usages qui vont au-delà de l'exercice de réseautage

Le champ d'application des médias sociaux est extrêmement vaste. Tous les jours, des consultants et formateurs utilisent Twitter pour rester en veille sur leur secteur d'expertise et partagent cette même expertise sur Twitter, Viadeo ou LinkedIn – un moyen pour eux d'établir leur notoriété. Des commerçants et des artisans animent une page Facebook pour fidéliser leurs clients. Des entrepreneurs participent à des groupes Viadeo pour se connecter avec d'autres entrepreneurs proches dans leur région... Ce ne sont là que quelques exemples.

Corollaire de leur ubiquité, tous les médias sociaux ne servent pas de manière équivalente tous les objectifs. On observe une spécialisation des médias sociaux qui est fonction du public visé et de l'objectif que l'on cherche à atteindre. En d'autres termes, Facebook n'est pas la réponse miraculeuse à tous vos besoins.

### AVIS D'EXPERT

**Fadhila Brahimi, coach en *personal branding*, blogueuse – www.blogpersonalbranding.com**

- **Comment choisir les bons médias sociaux ?**

« C'est une question importante. Tous les médias sociaux ne sont pas adaptés à l'atteinte de tous les objectifs (cible, secteur, métier, zone géographique). Mais au-delà des aspects rationnels de ce choix, un autre facteur à prendre en compte, est votre intérêt naturel pour un média plutôt qu'un autre. Pour moi, le choix s'est porté sur Twitter parce que d'une certaine manière, je me suis sentie bien sur ce média. Mais ce n'est pas nécessairement la plate-forme que je recommande à tous les professionnels que j'accompagne dans leur démarche. »

## Les médias sociaux ont envahi notre quotidien

Plus de la moitié des internautes français sont actifs sur Facebook, un entrepreneur sur six est inscrit sur Viadeo, et aller sur Twitter pour suivre une information en direct ou se plaindre du retard de son train est devenu un réflexe...

La question n'est plus de savoir s'il s'agit d'une mode passagère : les médias sociaux sont là pour durer. Certes, Myspace, qui semblait indétrônable et incontournable il y a quelques années, a été dépassé par Facebook. Et peut-être qu'un jour la même chose arrivera à Facebook, mais dans tous les cas, les internautes souhaitent pouvoir s'exprimer sur Internet et interagir directement avec les autres internautes et les entreprises.

La question pour vous n'est donc pas tant « Faut-il le faire ? » mais « Comment le faire, et dans quel but ? »

## Des outils à faible coût

La plupart des médias sociaux offrent la possibilité d'établir une présence gratuitement ou pour un budget faible. Créer une page business sur Facebook reste gratuit et avoir un compte premium sur Viadeo vous coûte moins de 10 euros par mois. Certains entrepreneurs décident même de se passer d'un site Internet et préfèrent créer une page business Facebook ou enrichir leur profil sur Viadeo ou LinkedIn.

C'est là l'un des attraits des médias sociaux. Cependant, nous verrons par la suite que pour certains usages, la gratuité de l'outil doit souvent être compensée par un investissement en temps et par la capacité, dans certains cas, à créer du contenu.

## La puissance de Google

En France, plus de 90 % des recherches sur Internet se font sur Google. Or Google donne désormais une « note sociale » aux contenus. Plus une page est twittée ou partagée sur Facebook ou Google+ et meilleure est sa note.

# Quels sont les principaux réseaux sociaux ?

## Facebook

Réseau social virtuel fondé aux États-Unis en 2004, il est devenu en quelques années le plus gros réseau social dans le monde. Ses fonctionnalités en font un outil idéal pour garder le contact avec des amis ou des relations. Traditionnellement outil de la sphère privée, de plus en plus d'entreprises l'utilisent pour développer des relations avec leurs clients ou des prospects à travers la création de leur page, notamment, et la diffusion de publicité sur le réseau.

### Chiffres clés

→ En 2014, Facebook recense plus de 1,3 milliard de membres actifs mensuels dans le monde. En France, plus de 60 % des internautes sont inscrits sur Facebook.

→ Largement adopté à sa création par un public d'adolescents et de jeunes adultes, au fil des années, Facebook a vu changer la démographie de ses utilisateurs. Actuellement, en France, 2/3 des membres ont plus de 25 ans, 40 % ont plus de 35 ans[1].

1. Source : Socialbakers.

→ Enfin, gardons à l'esprit que plus d'un milliard de membres actifs sur Facebook accèdent à la plateforme *via* leur mobile. Nous verrons dans la partie dédiée à Facebook que cela a un impact sur le type d'actualités à partager sur Facebook.

**Un média que les entreprises de toutes tailles investissent.** Le réseau supporte plus de 50 millions de pages d'entreprises... avec l'espoir pour ces entreprises de capturer une partie de cette fantastique audience.

En dehors de la taille de l'audience, d'autres facteurs expliquent l'attractivité de Facebook pour les entreprises :

- créer une page est gratuit et se fait en quelques minutes ;
- il n'y a aucun besoin de produire un Kbis[1] ou de laisser un quelconque numéro d'immatriculation.

Nous verrons par la suite que cette gratuité de façade doit être contre-balancée par un fort investissement en temps et la nécessité dans certains cas d'acheter de la publicité.

Enfin, Facebook a développé des fonctionnalités qui permettent aux marques qui l'utilisent de rester quotidiennement à l'esprit des consommateurs et incluent un caractère viral – le rêve de beaucoup de marketeurs.

**À quoi peut servir Facebook ?**

→ **Tenir au courant vos proches et votre réseau d'amis des progrès de votre projet quand vous êtes en phase de création** et vous appuyer sur ce premier cercle bienveillant pour obtenir des *feedbacks*, supports, relais d'information...

→ **Fidéliser vos clients à travers une page entreprise.** Pour des commerçants ou des artisans qui produisent des objets, Facebook peut être un puissant outil de fidélisation. Une page Facebook vous permet de maintenir un lien avec vos clients ou des prospects que

1. Document officiel attestant de l'existence juridique d'une entreprise.

vous avez rencontrés, les faire revenir sur votre site, leur communiquer des promotions, les inciter à vous recommander…

→ **Conquérir de nouveaux clients.** C'est le graal de tous les entrepreneurs, l'objectif le plus difficile à atteindre sur Facebook. Il se fait par « ricochet » *via* la recommandation de vos clients.

→ **Tester, co-créer, échanger avec vos clients.** N'oublions pas que Facebook est un réseau social. La plateforme peut vous aider à recueillir les opinions de vos clients, à tester des idées auprès d'eux, à mieux comprendre ce qu'ils attendent de vous et ce qui va les faire revenir.

**Attention cependant, Facebook est un média qui n'est pas adapté à toutes les entreprises…** Si vos clients sont essentiellement des entreprises de taille moyenne ou des grandes entreprises, Facebook n'est pas le média adapté. En effet, un directeur marketing ou financier, présent sur Facebook, ne souhaite pas nécessairement y « parler business ». Facebook appartient à sa sphère privée. Viadeo ou LinkedIn sont de bien meilleurs outils pour vous si tel est le profil de votre clientèle. En revanche, si vos produits ou services s'adressent à des entrepreneurs (entreprises de moins de 5 salariés), Facebook peut présenter un intérêt. Pour un entrepreneur, la frontière entre vie privée et vie professionnelle est bien plus ténue.

*www.facebook.com*

## TÉMOIGNAGE

**Éric Hibelot, céramiste, cofondateur de l'Atelier des garçons**

« Pour moi, Facebook est avant tout un moyen de rester en contact avec mes clients et tous ceux qui aiment nos créations et de les tenir au courant de nos projets et lieux d'exposition. Je n'hésite d'ailleurs pas à créer une véritable synergie entre mon profil et la page de l'atelier, en partageant sur la page des informations et photos publiées sur le blog et repartageant ensuite ces publications sur mon propre profil. »

## Viadeo et LinkedIn

Ces deux réseaux sociaux dominent les usages professionnels en France. Viadeo le français et LinkedIn l'américain sont devenus des outils incontournables dès que l'on recherche un emploi. Aux entrepreneurs, ils offrent la possibilité d'entretenir et de développer leur réseau professionnel et de valoriser leur expertise.

### Chiffres clés

→ Nombre de membres en France : 9 millions pour Viadeo, 8 millions pour LinkedIn.

→ Nombre de membres dans le monde : 60 millions pour Viadeo, 300 millions pour LinkedIn.[1]

Ils proposent un accès gratuit et limité et une version payante avec des fonctionnalités avancées. À noter : si vous voulez réellement utiliser Viadeo, l'abonnement payant est indispensable. LinkedIn offre un accès plus large aux fonctionnalités de la plateforme pour les membres qui ne payent pas, mais l'abonnement est plus cher.

**À quoi servent ces réseaux sociaux professionnels ?**

Quand vous lancez votre activité, la tentation, consciente ou non, est grande de vous immerger complètement dans cette nouvelle activité et de faire table rase du passé – ce passé incluant les contacts professionnels de votre vie de salarié. Or, quelle que soit votre activité, vous devez garder contact avec vos anciennes relations pour deux raisons :

- vos contacts peuvent devenir vos clients ou générer un bouche-à-oreille positif autour de votre activité ;
- ils sont eux-mêmes en contact avec d'autres professionnels qui peuvent être utiles à votre nouvelle activité.

1. Sources : Viadeo et LinkedIn, chiffres 2014.

Ne perdez pas cette richesse accumulée au fil des années, même si vous changez radicalement d'industrie ou d'activité.

**TÉMOIGNAGE**

**Mathilde Lauriau-Tedeschi**, consultante en branding, fondatrice d'Unlimi-Ted

« Je prépare systématiquement mes rendez-vous en regardant le profil de la personne que je vais rencontrer sur LinkedIn. Je regarde son parcours professionnel, j'identifie des contacts communs pour pouvoir potentiellement faire un peu de "*name dropping*" pendant l'entretien, j'essaie d'identifier ses centres d'intérêt. Tout cela me permet d'avoir des échanges plus qualitatifs avec mes interlocuteurs, de faire la différence et d'être plus mémorable. »

Viadeo et LinkedIn se révèlent particulièrement efficaces pour :

→ **Entretenir votre réseau professionnel existant.** Il vous suffit dans ce cadre de demander à vos contacts professionnels de toute nature (collègues, fournisseurs, partenaires...) de devenir des contacts sur Viadeo ou LinkedIn. Gardez à l'esprit que ces réseaux doivent avant tout refléter votre réseau professionnel physique, et non pas représenter un réseau parallèle à celui de la vraie vie.

→ **Entrer en contact avec d'autres professionnels.** Viadeo ou LinkedIn vous permettent, à travers un formulaire de recherche, d'identifier des professionnels qui peuvent vous être utiles (comptable, webdesigner...), d'identifier ceux de vos contacts qui les connaissent et de rentrer en contact avec eux. En d'autres termes, ils rendent visibles facilement les contacts de vos contacts.

→ **Développer votre réputation numérique.** Si vous exercez une activité dans le domaine des services aux entreprises ou aux professionnels, vous allez pouvoir utiliser ces réseaux pour développer votre notoriété et affirmer votre expertise. Il faudra alors partager des informations autour de votre expertise, voire participer à des discussions dans des groupes.

→ **Présenter votre activité.** Viadeo et LinkedIn sont tous deux extrêmement bien référencés. Votre profil sur ces réseaux se positionne dans de nombreux cas dans les 3 premiers résultats d'une recherche sur votre nom dans Google. Profitez de cet espace pour présenter le plus clairement possible votre activité. Cela permet aussi à ceux de vos contacts qui vous connaissent déjà de mieux comprendre votre nouvelle activité et de pouvoir vous recommander aux bons contacts.

→ **Vous aider dans la recherche de nouveaux clients.** Avant un rendez-vous de prospection, vous pouvez rechercher le profil Viadeo ou LinkedIn de la personne que vous rencontrez et ainsi mieux préparer votre rendez-vous. Au-delà de cela, ces réseaux vous permettent d'une part d'identifier beaucoup plus facilement un décideur dans une entreprise que vous souhaitez cibler, et d'autre part, vous aident à savoir qui parmi vos contacts peut vous mettre en relation. Dans ce dernier cas, les réseaux sociaux professionnels montrent clairement leur supériorité sur la vraie vie.

**Choisir entre Viadeo et LinkedIn**

→ Pour éviter de vous disperser, vous pouvez décider de vous concentrer sur un seul de ces deux réseaux sociaux. Choisissez alors celui qui est le plus utilisé par vos contacts professionnels.

→ Viadeo est traditionnellement mieux implanté auprès des petites entreprises en région : 65 % de ses membres sont en province, plus de 55 % de ses membres dans des entreprises de moins de 100 salariés. À l'inverse, LinkedIn a largement pénétré les grandes entreprises internationales.

*www.viadeo.com*
*www.linkedin.com*

TÉMOIGNAGE

**Marie-Alice Boyé, formatrice et consultante en webmarketing**

« Pour moi, il est essentiel de garder contact avec les personnes que je rencontre *via* mon activité professionnelle. C'est par eux que me proviennent le plus souvent mes missions. J'utilise LinkedIn pour inclure ces personnes rencontrées dans mes contacts directs. Ensuite, j'utilise les fonctionnalités de micro-blogging de ces réseaux pour informer mes contacts de mon actualité et continuer à partager des informations intéressantes avec eux. »

## Google+

Lancé par Google en juin 2011, Google+ est le dernier né des réseaux sociaux majeurs en France.

Si vous êtes d'une manière ou d'une autre lié à Google – en utilisant un compte Gmail, un téléphone sous Androïd ou Google Analytics, par exemple – il y a de fortes chances pour que vous soyez membre de Google+ sans nécessairement le savoir. En quelques années, Google+ a dépassé le milliard d'inscrits.

Le challenge qui se présente maintenant à Google+ est celui de l'activation de ses membres. Google a d'ailleurs repositionné Google+ en précisant que l'outil tenait lieu de « couche sociale » pour l'ensemble des applications de la galaxie Google. Ainsi, lorsque vous notez une application Androïd ou commentez une vidéo sur YouTube, vous activez votre compte Google+.

**Google+ : quel intérêt pour vous ?**

→ **Participer à l'optimisation du référencement naturel de vos contenus.** Si vous avez un blog ou un site Internet sur lequel vous partagez régulièrement des articles, une activité suivie sur Google+ peut les aider à être mieux référencés.

→ **Utiliser les Hangout**. Il s'agit de la fonctionnalité de visioconférence entièrement gratuite développée par Google. Vous pouvez les utiliser en mode privé, et dans ce cas, échanger en direct avec 9 autres personnes, chacune connectée *via* son ordinateur et utilisant sa webcam pour participer en mode vidéo. Vous pouvez également utiliser la fonctionnalité Hangout On Air, et dans ce cas, votre visioconférence est publique, tout membre de Google+ peut y assister et surtout, vous pouvez l'enregistrer et mettre la vidéo à disposition dans votre chaîne YouTube. C'est un moyen vraiment malin de générer du contenu vidéo.

**AVIS D'EXPERT**

**Damien Anfroy, fondateur de Dawa, agence de webmarketing et de référencement naturel**

▪ **Quel est l'impact réel de Google+ sur le référencement naturel d'un site ou d'un blog ?**

« Les actions des internautes sur les médias sociaux pèsent maintenant entre 15 et 17 % dans l'algorithme de Google et parmi ces actions, celles enregistrées sur Google+ semblent réellement avoir plus d'importance que les autres. Ceci étant dit, il est important de comprendre que l'optimisation du référencement naturel des espaces de l'entreprise grâce à Google+ passe par plusieurs étapes et qu'il ne suffit pas de rajouter le bouton +1 sur les pages de son site pour être miraculeusement bien référencé. »

## Twitter

Fondé en 2006, Twitter est l'un des médias sociaux les plus connus en France. Comme sur un blog, Twitter permet de publier des messages, appelés « tweets », qui apparaissent sur votre compte du plus récent au plus ancien. À la grande différence d'un blog classique, ces messages sont limités à 140 caractères, espaces compris ; on parle donc de « micro-blogging ».

### Chiffres clés

→ Plus de 270 millions de membres actifs dans le monde dont 2,4 millions en France[1].

1. Source : Twitter, 2014.

→ Un service dont la notoriété est bien supérieure à son usage effectif. 94 % des internautes français connaissent Twitter, en revanche ils ne sont que 17 % à posséder un compte Twitter[1]. Ensuite, on estime que seul un quart des membres de Twitter tweetent *a minima* de manière occasionnelle.

→ Plus des ¾ des membres utilisent leur mobile ou tablette pour publier. La brièveté des messages et la facilité avec laquelle on peut poster sur Twitter, de n'importe où, expliquent également comment Twitter peut jouer un rôle aussi important dans la diffusion et le suivi d'événements mondiaux.

## À quoi peut bien servir Twitter ?

C'est la question que se pose toute personne qui arrive pour la première fois sur Twitter et voit défiler sur l'écran un flot ininterrompu de tweets plus ou moins compréhensibles, utilisant parfois un langage codé ou allusif. Pour simplifier, Twitter peut remplir plusieurs fonctions pour vous :

→ **Vous permettre de rester en veille sur un sujet particulier.** Vous pouvez très bien organiser votre veille sur un sujet donné (secteur d'activité, expertise) en vous appuyant sur les twittos (détenteurs actifs d'un compte twitter), experts du sujet. Vous pouvez alors utiliser Twitter de deux manières : en créant des recherches dont vous consultez les résultats tous les jours et en suivant les experts du domaine.

→ **Vous rapprocher d'influenceurs.** En règle générale, les bloggeurs animent un compte Twitter en parallèle de leur blog et de nombreux journalistes y sont également présents. Utiliser Twitter peut vous permettre d'établir un dialogue direct avec eux. C'est d'ailleurs pour cette raison que Twitter est souvent qualifié de « média d'influence ».

→ **Vous positionner comme expert d'un domaine**. En effet, si votre compte Twitter vous permet de tweeter régulièrement sur votre sujet d'expertise, que vous partagez par ce biais des informations utiles et

1. Source : Observatoire Ifop des réseaux sociaux, octobre 2013.

sélectionnées par vous et qu'au final vous faites gagner du temps à ceux qui vous suivent ou ceux qui sont en veille sur ce sujet, en pointant du doigt l'information la plus utile, vous avez gagné la bataille.

Pour tout entrepreneur, Twitter est un bon outil de veille et d'influence puisque blogueurs, journalistes et experts y sont présents et souvent actifs. Si vous exercez une activité de conseil ou de formation, dans un domaine ou une industrie particulière, Twitter peut également vous aider à vous positionner comme expert dans votre domaine. Attention cependant, en animation quotidienne, Twitter est probablement le réseau/média le plus chronophage.

*www.twitter.com*

**TÉMOIGNAGE**

**Natacha Heurtault**, consultante en communication et relations presse

« Twitter est devenu pour moi un outil de travail indispensable. C'est d'une part l'occasion d'approcher des experts et leaders d'opinion qu'il serait beaucoup plus difficile d'aborder dans la vraie vie et dans ce sens, c'est un véritable réseau social. D'autre part, il me permet de me tenir au courant de toute l'actualité qui me passionne, celle des start-ups françaises et de l'univers de la technologie. Dès qu'une nouvelle sort, je sais qu'elle sera partagée sur Twitter. »

## Quelle place pour un blog dans votre plan d'action ?

Un blog peut être utile dans votre déploiement sur les médias sociaux si vous décidez de développer votre propre contenu. En effet, pour être réellement présent et actif sur les médias sociaux, vous allez non seulement réagir à ce qui est publié par d'autres, mais également partager des informations. Deux options complémentaires s'offrent alors à vous : créer votre propre contenu ou bien partager du contenu intéressant, produit par d'autres.

Si vous optez pour la création de contenu, vous allez devoir héberger ce contenu pour le rendre accessible. Si vous produisez des vidéos, créez une chaîne sur YouTube ou Dailymotion. Si vous écrivez des articles sur une thématique liée à votre domaine d'expertise, un blog s'impose. Deux types de blogs sont possibles :

→ Un blog dans lequel vous partagez des articles rédigés, du texte. Dans ce cas, privilégiez un blog classique en utilisant une plateforme de création de blog du type Wordpress ou Blogger.

→ Un blog ayant pour but de partager du contenu très visuel (photos, vidéos). Dans ce cas, Tumblr peut faire sens pour vous.

**CONSEIL PRATIQUE**

› Lorsque vous produisez du contenu, pensez à ses déclinaisons possibles pour, à partir d'une même information, créer plusieurs contenus.
EXEMPLE : vous créez une présentation PowerPoint sur le thème du « social selling », et vous l'hébergez sur SlideShare. Pourquoi ne pas la décliner en article pour votre blog et faire également une mini-vidéo du type « 3 idées clés sur le social selling » ?

# Quelles sont les principales plateformes de partage de contenus ?

## À quoi servent-elles ?

Ces plateformes vous permettent de partager le contenu que vous produisez et d'en faciliter la diffusion.

EXEMPLE : vous produisez une vidéo pour présenter votre activité. Si vous la téléchargez directement sur votre site, elle résidera là et il vous faudra vous-même générer du trafic vers cette vidéo. Si vous la téléchargez sur YouTube, la plateforme a développé des fonctionnalités qui permettent de copier le code d'intégration de cette vidéo et de la « mettre en ligne » facilement à plusieurs endroits.

### Le blog amateur Passion Céramique

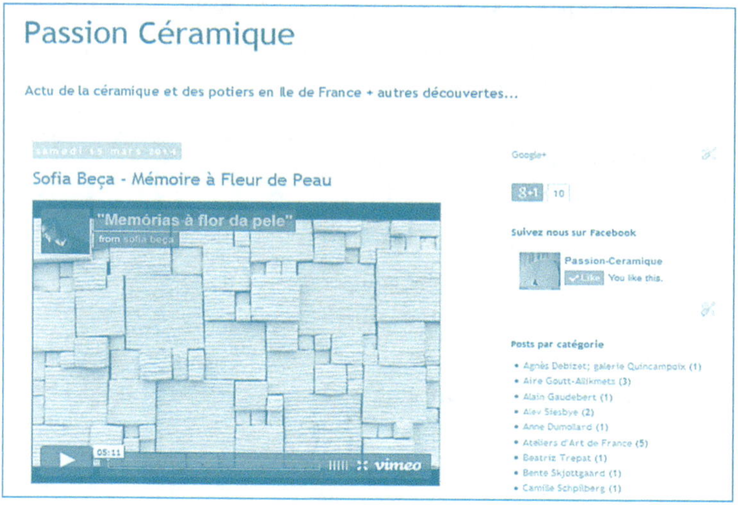


*Le blog présente une vidéo hébergée sur Vimeo. Temps d'intégration pour le blogueur : quelques minutes.*

Les plateformes de partage sont spécialisées par type de contenu :

→ YouTube, Dailymotion et Vimeo pour les vidéos.

→ SlideShare pour les présentations PowerPoint.

→ Flickr ou Google Photos (ex-Picasa) pour les photos.

## Vidéos : YouTube, Dailymotion, Vimeo

YouTube est le géant américain, fondé en 2005 et racheté en 2006 par Google. Dailymotion est son équivalent français. Vimeo se positionne comme la plateforme des vidéos et projets créatifs.

Sur ces sites, vous pouvez mettre en ligne des vidéos, les partager et ensuite les intégrer facilement sur un site, un blog ou un profil Facebook.

Le principe : vous y créez une chaîne à votre nom ou au nom de votre société, dans laquelle vous regroupez toutes vos vidéos. Vous pouvez même créer des listes de diffusion thématiques (playlist) : un moyen peu onéreux de créer votre propre webTV.

L'intérêt de ces plateformes et de la vidéo pour vous est double :

→ D'une part, les vidéos produites par d'autres sont autant de contenus intéressants qui peuvent animer vos espaces Internet. Exemple : vous fabriquez du carrelage artisanal et un bricoleur a créé une vidéo expliquant comment faire une table en mosaïque à partir de morceaux de carrelage. Le parfait guide pour votre produit ! Vous intégrez la vidéo dans votre blog pour montrer une idée d'usage de votre carrelage.

→ D'autre part, il existe de plus en plus de solutions pour créer facilement des vidéos, puis les mettre en ligne sur les plateformes pour profiter de leur puissance.

*www.youtube.com*
*www.dailymotion.com*
*www.vimeo.com*

## AVIS D'EXPERT

**Edward Grospiron, responsable du pôle Média digital, agence de référencement Cybercité**

■ **Si l'on manque de temps, comment choisir entre YouTube et Dailymotion ?**

« Si vous devez choisir entre les deux plateformes, privilégiez YouTube. Dailymotion est resté franco-français et le dernier Observatoire Ifop des usages des réseaux sociaux montre que 21 % des internautes français ont un compte YouTube, contre 12 % pour Dailymotion. Dans tous les cas, quelle que soit votre décision (une seule chaîne ou une chaîne sur chaque média), vous avez intérêt à utiliser systématiquement la vidéo servie sur la plateforme que vous privilégiez. En effet, plus le nombre de vues de la vidéo est élevé, meilleur est son référencement naturel dans les moteurs de recherche (y compris celui de la plateforme). »

## Présentations PowerPoint : SlideShare

Présenté comme le YouTube du PowerPoint, SlideShare vous permet de publier gratuitement des présentations PowerPoint sur un compte que vous créez, ce qui procure plusieurs avantages :

→ **Trouver des informations.** C'est un outil très prisé des experts de tous domaines, ce qui en fait une mine d'informations.

→ **Donner plus de visibilité à votre contenu.** Si vous produisez des présentations PowerPoint que vous souhaitez partager pour montrer votre expertise et la rendre facilement lisible sur votre site ou blog, il est plus simple de mettre en ligne la présentation sur SlideShare puis d'intégrer le code de partage sur votre site. Vous pouvez également facilement partager l'url de la présentation sur les réseaux sociaux.

### TÉMOIGNAGE

**Marie-Alice Boyé**, formatrice et consultante en webmarketing

« J'ai créé une présentation PowerPoint qui présente l'un des concepts clés de la formation e-marketing que j'ai créée, un bon moyen pour moi d'échantillonner mon expertise et de donner envie de participer à l'une de mes formations.

La mettre en ligne sur SlideShare m'a de plus permis de la partager facilement sur les réseaux sociaux ; la beauté de l'exercice étant qu'à chaque fois que l'un de mes contacts professionnels postait un commentaire ou « likait » ma présentation, il l'exposait à ses propres contacts... une sorte de bouche-à-oreille passif. »

Lorsque vous utilisez SlideShare, gardez à l'esprit que vos présentations sont publiques et donc visibles de tous.

*www.slideshare.net*

## Photos : Flickr et Google Photos (ex-Picasa)

Si vous organisez un événement ou si vous lancez un nouveau produit, vous pouvez tout à fait mettre en ligne des photos sur une de ces deux plateformes et ensuite partager les liens vers vos albums de manière à ce que partenaires, blogueurs, journalistes puissent y trouver des photos à réutiliser. Là encore, il est toujours plus rapide de mettre en ligne des photos sur une de ces plateformes plutôt que d'intégrer des photos sur la page de votre site.

**Pour photographes amateurs ou semi-professionnels.** Comme sur YouTube pour la vidéo, ou en son temps MySpace pour la musique, des photographes ont réussi à émerger sur Flickr. Votre présence sur ces plateformes peut donc s'avérer utile pour vous.

*www.flickr.com*
*plus.google.com* (Google Photos est maintenant intégré à Google Plus)

# De nouveaux médias pour un web toujours plus visuel

De nouveaux médias ont émergé sur la scène française : Pinterest, Instagram et Tumblr répondent à une tendance de fonds sur le web, l'intérêt des internautes pour du contenu toujours plus visuel.

## Pinterest

Pinterest offre à ses membres la possibilité de classer des photos ou images vues sur Internet autour de différentes thématiques choisies, appelées « tableaux ». Plus de 80 % des utilisateurs de Pinterest sont des femmes. Les catégories de tableaux les plus populaires sont la mode, l'univers de la maison et les loisirs créatifs. Envie de refaire la chambre du petit dernier ? Vous pouvez créer un tableau regroupant des ambiances qui vous inspirent.

Lorsqu'une photo est « épinglée » dans un tableau, elle reste rattachée au site d'origine et en cliquant deux fois, l'internaute peut accéder à la page qui l'hébergeait. Pour un entrepreneur, Pinterest devient alors un moyen de se faire connaître. L'outil sera utile si vous exercez une activité dans un domaine très visuel : artisan d'art, boutique (physique ou en ligne)... Des études montrent régulièrement que le taux de conversion de visiteur à acheteur d'un internaute venant de Pinterest est supérieur à celui de Facebook.

**Bon à savoir**

→ Plus utilisé en Amérique du Nord et en Europe du Nord qu'en France, Pinterest est donc plus utile pour vous faire connaître auprès de ce type de clientèle.

**TÉMOIGNAGE**

**Éric Hibelot, céramiste, cofondateur de l'Atelier des garçons**

« J'ai exposé pour la première fois cette année dans un salon de céramistes à Londres et une bonne dizaine d'acheteurs sont venus me voir sur mon stand parce qu'ils m'avaient identifié *via* Pinterest. J'ai maintenant plus de 3 000 abonnés à mon tableau sur la céramique, et ce travail d'animation du compte a vraiment payé. »

*www.pinterest.com*

## Tumblr

Racheté par Yahoo en 2013, Tumblr est une plateforme de microblogging visuel. La plupart des membres qui créent un compte Tumblr l'utilisent pour partager des photos, des gifs animés, des vidéos courtes autour d'une thématique. Sur le même principe que

Twitter, les autres membres de Tumblr peuvent suivre votre blog, « liker » vos photos ou vidéos et les repartager sur leur propre blog.

Comme tout blog, vous choisissez un modèle pré-défini pour votre compte, vos publications apparaissent en ordre ante-chronologique (du plus récent au plus ancien) et vous devez en faire la promotion pour attirer vos premiers visiteurs.

Tumblr peut être utile si votre activité est très visuelle. Dans ce cas, il remplace un blog classique, voire la création d'un site Internet.

*www.tumblr.com*

## Instagram

L'idée fondatrice d'Instagram est de permettre à ses utilisateurs d'optimiser et de partager des photos prises avec un smartphone. Pour cette raison, il est de loin préférable d'utiliser Instagram sur mobile que sur ordinateur.

**Quels usages pour vous ?**

→ **Utiliser Instagram et ses filtres pour créer des photos facilement** à réutiliser sur votre site Internet ou vos comptes de médias sociaux. Une étude récente a démontré que des photos Instagram mises en ligne sur d'autres médias enregistraient des taux de clics supérieurs à des photos classiques. Les internautes apprécient le «look» Instagram.

→ **Développer une audience sur ce média.** Gardez néanmoins à l'esprit que la notoriété d'Instagram en France est bien supérieure à son taux d'usage (6 % des internautes français sont inscrits sur la plateforme[1]). Utiliser Instagram pour communiquer sur votre entreprise ne se justifiera que si vous appréciez cet outil.

*www.instagram.com*

1. Source : IFOP-Observatoire des réseaux sociaux, 2013.

# L'essentiel

**Cinq bonnes raisons d'utiliser les médias sociaux.** Ils vous aident à adapter votre réseau professionnel. Véritables outils de communication, ils font maintenant partie du quotidien des Français, sont gratuits et très bien référencés par Google.

**Principaux réseaux sociaux :** Facebook, Viadeo et LinkedIn (réseaux professionnels), Twitter (communication d'influence ou veille), Google+ (impact sur le référencement de vos contenus par Google).

**Principales plateformes de partage de contenus :** YouTube, Dailymotion, SlideShare, FlickR, Google Photos. Elles facilitent la diffusion de contenu par vous-même et par des tiers.

**De nouveaux médias pour un web toujours plus visuel.** D'autres acteurs comme Pinterest, Tumblr ou Instragram émergent, mais n'ont pas encore atteint une audience très large en France.

# Vers un plan d'action

- Êtes-vous connecté à votre réseau professionnel existant *via* Viadeo ou LinkedIn (ou les deux) ?
- Parmi les entreprises de votre secteur d'activité, quelles sont celles qui utilisent les médias sociaux ? Pour quoi faire ?
- Quel usage des médias sociaux vous vient spontanément à l'esprit dans le cadre de votre création d'activité ?
- Quel type de contenu non promotionnel pourrait être utile dans le cadre de votre activité ? Quel format ? Quelle thématique ?

# 2

# Sept usages clés des médias sociaux

*La valeur d'une idée dépend de son utilisation.*
Thomas Edison

## Objectifs

- Découvrir les apports des médias sociaux en fonction de votre type d'activité et des besoins de votre entreprise.
- Connaître les facteurs clés de succès.
- Choisir les médias les plus adaptés pour vous.

# 1. Entretenir et développer votre réseau relationnel

Certains d'entre vous démarrent une nouvelle vie et deviennent entrepreneurs pour la première fois. La tentation est grande de simplement couper les ponts plus ou moins consciemment avec votre ancienne vie, vos anciens contacts professionnels. Tentation d'autant plus forte que d'une part, une création d'entreprise est chronophage et que d'autre part, certains d'entre vous peuvent, à l'occasion de cette création, complètement changer de secteur d'activité et donc de relations professionnelles. Quelle que soit votre situation, faire table rase du passé serait une véritable erreur !

Voyons ensemble comment travailler votre réseau vous facilite la tâche et en quoi votre réseau professionnel actuel peut être le premier ferment de votre action.

## Pourquoi et comment garder le contact sur les réseaux sociaux professionnels ?

Le réseau que vous avez actuellement ne répond pas forcément aux besoins que vous allez avoir en tant qu'entrepreneur. Il va vous falloir trouver un comptable, des fournisseurs, des prestataires, des clients, des prescripteurs... Contacts que vous n'avez pas forcément dans votre réseau conscient/connu. En revanche, parmi vos contacts professionnels actuels, vous avez forcément des contacts qui eux-mêmes ont des contacts qui peuvent vous aider.

En effet, les réseaux sociaux virtuels sont fondés sur la loi des six degrés de séparation, loi selon laquelle vous êtes à six contacts de n'importe quel individu sur la planète. En d'autres termes, si on vous donnait demain pour mission de rentrer en contact avec un individu lambda, situé n'importe où dans le monde, vous pourriez le faire en faisant passer un mot à l'un de vos contacts, qui lui-même le passerait à l'un de ses contacts, qui à son tour le passerait... et ce, six fois. La promesse des réseaux sociaux virtuels est donc *de facto* de vous faciliter l'accès aux contacts de vos contacts et donc de révéler, parmi eux, des personnes qui peuvent vous aider dans vos initiatives.

Enfin, parmi vos anciennes relations se trouvent de futurs clients, prescripteurs, recommandeurs, «parrains», etc. Les tenir au courant de vos progrès, de l'évolution de votre projet, permet de les associer à l'aventure.

**Facteurs clés de succès :**

→ Concentrez-vous sur les réseaux professionnels Viadeo et LinkedIn. Il est également possible d'avoir ce type de démarche sur Facebook mais parmi les professionnels, Facebook est souvent perçu comme un outil appartenant à la sphère privée. Utilisez-le avec parcimonie.

**CONSEIL PRATIQUE**

› Adaptez-vous aux préférences de vos contacts. Si un contact semble plus actif sur LinkedIn que sur Viadeo (regardez le nombre de contacts dans chaque réseau), invitez-le sur la plateforme qu'il privilégie.

→ Construisez votre cercle de contacts directs sur Viadeo et LinkedIn en invitant prioritairement les contacts de votre carnet d'adresses à vous y rejoindre.

→ Donnez-leur de vos nouvelles en publiant régulièrement des actualités sur votre profil et en réagissant à ce qu'ils publient ou à leur propre actualité. Adoptez les bons réflexes : lorsque vous rencontrez quelqu'un dans la vraie vie et que vous échangez vos cartes de visites, prenez l'habitude de le demander en contact direct après la rencontre. Ensuite, quand vous recherchez un prestataire, un partenaire, un client, prenez un peu de recul et demandez-vous en quoi vos contacts directs sur Viadeo ou LinkedIn peuvent vous aider à trouver la bonne personne.

TÉMOIGNAGE

**Alice Riehl**, artiste

« J'ai l'occasion, lorsque je participe à des salons, de rencontrer des clients et prospects professionnels ou grand public. J'utilise maintenant LinkedIn ou Facebook pour garder le contact avec les personnes que je retrouve sur ces sites. Les inviter à rejoindre mon réseau après l'événement durant lequel nous nous sommes croisés me donne une occasion de leur adresser un signe de reconnaissance, puis dans la durée de rester présente à leur esprit de façon non intrusive *via* le fil d'actualité. »

### En résumé

→ Quelle que soit votre activité, vous avez intérêt à utiliser les réseaux sociaux pour entretenir et développer votre réseau relationnel professionnel.

→ Les médias à utiliser en priorité avec des contacts entreprises : Viadeo et LinkedIn.

## 2. Faire de la veille

Quelle que soit l'activité que vous lancez, vous devez vous tenir au courant de l'évolution de votre secteur. Les médias sociaux offrent une formidable caisse de résonance à toutes les nouvelles sectorielles ou fonctionnelles.

En utilisant les médias sociaux comme source d'information, vous observez les conversations et les échanges qui y ont lieu – un excellent moyen de vous familiariser avec leurs codes et langages. Vous pouvez également identifier les leaders d'opinion et les influenceurs.

Évidemment, organiser une veille régulière de votre secteur est encore plus important pour ceux d'entre vous qui souhaitent se positionner en expert, dans un domaine particulier. Nous explorerons ce thème dans la section suivante de ce chapitre.

**Facteurs clés de succès** :

Pour éviter de perdre trop de temps dans votre veille, il est indispensable de définir à l'avance les thèmes et mots-clés sur lesquels vous voulez être en veille, les médias que vous allez observer et, ensuite, de mettre en place des outils et process pour suivre l'information.

→ **Définir thèmes et mots-clés.** Limitez le nombre de mots-clés au départ, ne vous dispersez pas et identifiez le ou les mots-clés référents. Vous pouvez par exemple regarder ceux qui sont utilisés en hashtag dans Twitter.

→ **Choisir ses médias.** Privilégiez Twitter et des blogs référents.

→ **Sélectionner et suivre des groupes Viadeo et LinkedIn.** Ils vous permettent également de vous tenir au courant et surtout, de poser des questions à vos pairs, où qu'ils soient. LinkedIn peut être particulièrement intéressant si votre sujet est populaire dans des pays anglophones. Les experts de tous domaines utilisent activement ce réseau pour rester en contact avec d'autres experts partout dans le monde et échanger des bonnes pratiques.

### Des outils qui peuvent vous faciliter la veille

| Outils | Usages | URL |
|---|---|---|
| Alertes Google | Recevoir tous les jours les derniers articles de blog publiés sur vos sujets de veille. | www.google.fr/alerts |
| Google+ | Suivre les comptes Google+ de certains blogs pour vous permettre de voir en un coup d'œil leurs derniers billets. | plus.google.com |

| Outils | Usages | URL |
|---|---|---|
| Netvibes | Vous abonner au flux RSS des blogs qui vous intéressent. | netvibes.com |
| Hootsuite | Visualiser les derniers tweets émis contenant les mots-clés qui vous intéressent. | hootsuite.com |
| Scoop.it | Vous abonner à des topics sur vos sujets. | www.scoop.it |
| SlideShare | Vous abonner aux chaînes d'experts référents ou des entreprises produisant du contenu sur vos sujets. | slideshare.net |

### En résumé

→ Utiliser les médias sociaux pour faire de la veille est indispensable si vous travaillez dans un domaine expert (métiers du conseil ou de la formation).

→ Les médias à privilégier : Twitter, les blogs, Viadeo et LinkedIn.

→ Dans tous les cas, définissez un process de veille – par exemple, tous les matins, consultez 3 blogs prioritaires.

→ Donnez-vous un budget temps pour ne pas vous laisser déborder.

# 3. Établir votre identité numérique

## En quoi les médias sociaux changent-ils la donne ?

Avant ce que l'on a appelé le Web 2.0, les seuls moyens d'être reconnu comme expert dans un domaine étaient de publier un livre et d'intervenir dans des conférences organisées par le ou les salons professionnels de référence. À ce jeu, on trouvait beaucoup d'appelés, peu d'élus. Il était toujours possible de s'auto-publier mais l'investissement financier restait conséquent et encore fallait-il assurer la diffusion de son ouvrage.

Puis est arrivé le Web 2.0, le Web créé par les internautes. Les opportunités de publication de contenus se sont alors multipliées. Les internautes ont partiellement délaissé les sources d'information traditionnelles que sont les livres et les magazines papier pour se tourner vers Internet et Google qui leur permettent de trouver facilement l'information recherchée.

Le point de convergence entre ces deux tendances est simple : les médias sociaux (héritiers naturels du Web 2.0) enregistrent en général d'excellents scores en termes de référencement naturel. Pour vous, c'est l'opportunité, en travaillant délibérément votre présence sur ces outils, de voir votre nom directement associé à votre expertise.

**En résumé,** les médias sociaux vous permettent de choisir les traces que vous laissez sur Internet, autant de preuves de votre expertise.

## Quels médias utiliser ?

Vos clients sont des professionnels, des créateurs ou dirigeants d'entreprises, des cadres de PME ou de grandes entreprises, des travailleurs indépendants. Dans tous les cas, privilégiez pour asseoir votre expertise les médias utilisés dans l'univers professionnel.

Placez Viadeo et LinkedIn au cœur de votre démarche. C'est sur ces réseaux que vous allez développer votre profil d'expert. Les profils de leurs membres sont d'ailleurs extrêmement bien référencés et il y a de fortes chances pour qu'une recherche sur votre nom fasse arriver votre profil Viadeo ou LinkedIn dans les tout premiers résultats.

Pour aller plus loin, vous pouvez également décider d'activer votre compte Twitter, de bloguer et d'utiliser SlideShare pour diffuser des présentations PowerPoint autour de votre expertise.

**Et Facebook ?** Le réseau n'est utile que si vous développez une expertise qui touche à la sphère privée. Les praticiens dans le domaine du bien-être personnel peuvent tout à fait obtenir de bons résultats sur ce réseau (professeur de yoga, énergéticien...). En revanche, Facebook est inefficace dès que vous voulez faire reconnaître une expertise pertinente dans le cadre de l'entreprise.

**Comment structurer votre démarche ?** Le développement de votre identité numérique se fait en plusieurs étapes.

→ Dans un premier temps, définissez votre expertise. Ce travail est essentiel car il vous permet de définir les mots-clés sur lesquels vous voulez être bien référencé et doit orienter votre travail d'identification des sources d'information que vous voulez partager, analyser, commenter.

→ Ensuite, adaptez votre profil professionnel sur Viadeo et/ou LinkedIn et optimisez son contenu pour donner des signes forts de cette expertise.

→ Définissez votre plan d'action « contenu ». Souhaitez-vous animer un blog, préférez-vous être moins ambitieux et plutôt rentrer dans une pure logique de curation, de sélection d'informations produites par d'autres et de rediffusion de ces informations ?

→ Vous pouvez ensuite commencer à diffuser des informations *via* un compte Twitter ou les fonctionnalités de partage d'informations proposées par Viadeo et LinkedIn.

→ N'oubliez pas enfin qu'en commentant des posts de blogs liés à votre expertise et en prenant part

**CONSEIL PRATIQUE**

› Évitez de prendre des raccourcis. Les tactiques qui consistent à synchroniser votre compte Twitter avec un profil Viadeo ou LinkedIn par exemple ne sont pas très efficaces. Certes, vous n'allez pas perdre de temps à republier l'information à deux endroits mais vous prenez le risque de publier des billets courts tout à fait adaptés à Twitter et inadaptés à LinkedIn ou Viadeo. Il est de loin préférable d'optimiser chaque publication pour chaque réseau.

aux échanges qui ont lieu sur des forums ou dans des groupes Viadeo et LinkedIn, vous augmentez votre visibilité sur votre sujet d'expertise.

## Comment choisir son expertise ? Comment la définir ?

Dans un premier temps, vous devez définir le plus précisément possible l'expertise pour laquelle vous voulez être connu et reconnu. Vous l'avez compris, votre objectif ici est d'optimiser le référencement naturel de votre nom sur les mots-clés liés à votre expertise. Plus celle-ci sera pointue, plus il vous sera facile d'émerger.

EXEMPLE : il est plus simple d'émerger en tant qu'expert du « webmarketing pour les PME du secteur de l'agro-alimentaire » qu'en tant qu'expert du « webmarketing » tout simplement, parce que vous aurez moins de compétition.

### Les questions auxquelles vous devez répondre pour définir votre expertise

| QUESTIONS = critères de définition de votre expertise | EXEMPLES |
|---|---|
| Quel est votre domaine d'expertise ? (Il va correspondre à une fonction.) | Achat, webmarketing, corporate finance... |
| Utilisez-vous une technique particulière ? | Mindmap, iso9000... |
| Dans quel secteur d'activité l'exercez-vous ? | Banque-assurance... |
| Quel type d'entreprises aidez-vous ? Quel est le profil du client idéal ? | Directions achats des grands groupes, réseaux de franchises... |
| Connaissez-vous un marché en particulier ? (c'est important pour les marketeurs et communiquants.) | Marché des adolescents, des seniors, des professions libérales, des PME... |

Cette liste de questions vous permet d'affiner votre expertise. Vous ne répondrez pas nécessairement à chacune d'elles ; en revanche, il est indispensable que vous sélectionniez au moins trois critères. **Votre offre peut être plus large mais concentrez l'effort de construction de votre identité numérique autour de cette expertise volontairement « étroite ».**

## Stratégie de contenu, quelles sont vos options ?

Créer du contenu, le mettre en ligne *via* une plateforme de diffusion ou un blog, l'optimiser pour qu'il soit bien référencé sur les moteurs de recherche, va vous aider à associer votre nom à votre expertise. Plusieurs options complémentaires s'offrent à vous.

**Mettez des présentations PowerPoint en ligne sur SlideShare.** Créez une série de présentations autour de votre expertise. La mise en œuvre est facile et vous pouvez construire cette approche petit à petit, une présentation à la fois.

Quand vous créez cette présentation, ne cherchez pas à écrire la Bible de votre domaine. Publier régulièrement une présentation courte sur un sujet précis se révèle plus efficace que de publier une présentation PowerPoint exhaustive sur un sujet plus large. Charge à vous de multiplier ces micro-sujets. Vous pouvez ensuite très facilement intégrer vos nouvelles présentations à votre profil LinkedIn (SlideShare appartient à LinkedIn).

**CONSEIL PRATIQUE**

› Si vous n'avez pas encore créé votre site Internet, vous pouvez tout à fait créer une présentation PowerPoint présentant votre offre de services, la mettre en ligne sur SlideShare puis ensuite faire un lien de vos profils Viadeo et LinkedIn vers cette présentation.

**Postez des articles sur un blog tiers ou collaboratif.** Si, conscient du travail que cela représente, vous ne souhaitez pas créer votre propre blog, vous pouvez tout à fait apporter votre contribution à un blog ou webmagazine existant. Si votre sujet est cohérent avec sa ligne éditoriale, qu'il apporte des informations ou un regard complémentaire à ce qu'ils ont déjà publié, votre contenu sera accepté. Les blogueurs cherchent à mettre à jour leur blog régulièrement sans y consacrer tout leur temps. L'avantage pour vous est alors de bénéficier de l'audience et de la notoriété qu'ils ont construites.

**CONSEIL PRATIQUE**

> Approchez les blogs et sites auxquels vous pensez en leur proposant une idée de sujet et montrez-leur des exemples d'articles que vous avez déjà écrits. Mais soyez clair sur la visibilité qu'ils vont vous donner en tant qu'auteur et fournissez-leur tous les éléments pour vous mettre en valeur (cela comprend parfois une bonne photo de vous, pensez-y).

**TÉMOIGNAGE**

**Martin Le Pechon**, avocat spécialiste du droit des réseaux (franchises, commerce associé)

« J'ai collaboré plusieurs fois avec le site Place des réseaux en proposant des articles juridiques. Le site est très bien référencé et l'article que j'ai écrit sur le contrat d'apporteur d'affaires est le premier résultat sur cette requête sur Google. Ça m'a aidé à faire connaître mon expertise. »

**Créez votre propre blog.** Bien évidemment, si vous pouvez le faire, c'est la solution idéale. Cependant, ne vous lancez dans la création d'un blog que si vous êtes prêt à publier régulièrement. *A minima*, vous devez écrire une à deux fois par mois.

**Adoptez une approche de curation.** Vous pouvez apporter de la valeur en partageant chaque jour un article vraiment intéressant publié sur le blog ou le site de tiers. Accompagnez le partage du lien d'un commentaire ou d'une phrase introductive. Pour celui qui a écrit l'article, c'est une visibilité accrue. Pour vous, c'est un moyen rapide d'animer vos profils sur les médias sociaux (Viadeo, LinkedIn, Twitter…) et de rappeler votre expertise ou vos centres d'intérêts.

## Facteurs clés de succès

Vos résultats dépendent de cinq facteurs :

→ **La rareté de votre expertise.** Plus vous avez de concurrents dans votre domaine d'expertise au moment où vous vous lancez et plus il vous sera difficile de percer.

→ **L'intérêt de votre expertise.** Y a-t-il de la demande pour votre expertise ? Si c'est un champ d'expertise qui démarre en France, vous devez concentrer vos prises de parole à l'éducation de votre marché et démontrer l'importance de ce nouveau champ d'expertise. Cette situation peut tout à fait tourner en votre faveur. Sur un nouveau sujet, vous aurez peu de concurrence et il vous sera plus facile d'être reconnu, notamment par les médias.

→ **L'intensité et la régularité de vos efforts.** Tous les experts s'entendent sur un point : une prise de parole régulière, quel que soit le média, est une clé de succès.

→ **La qualité de vos prises de parole.** Devant la masse d'informations auxquelles nous sommes exposés, les professionnels qui percent sont ceux qui prennent la peine de partager du contenu de qualité. Si vous décidez de faire de la curation de contenu, soyez extrêmement sélectif dans les informations que vous partagez.

→ **La générosité dans vos échanges.** En plus de la qualité de l'information, la générosité et la courtoisie sont payantes, tout simplement parce qu'elles incitent à la réciprocité. Ce facteur clé de succès est essentiel si vous décidez de participer à des échanges initiés par d'autres – discussions dans des groupes ou commentaires de blogs.

**En résumé** :

→ Les médias sociaux peuvent tout à fait vous aider à vous faire reconnaître en tant qu'expert.

→ Le choix de l'expertise est déterminant. Plus vous serez précis, moins vous aurez de concurrence et plus il vous sera facile d'émerger.

→ Une fois ces décisions prises, assiduité et obsession de la qualité font la différence en termes de résultats.

## 4. BtoC : fidéliser et conquérir une clientèle de particuliers

■ ■ ■ Dans les premières années d'existence de votre entreprise, le développement de votre chiffre d'affaires est une préoccupation quasi-quotidienne et il passe par la conquête de nouveaux clients et la fidélisation de vos premiers clients. Voyons ensemble comment les médias sociaux peuvent vous y aider.

**Les réseaux sociaux sont par nature d'excellents outils de fidélisation.** Ils vous permettent de rester à l'esprit de vos clients et de les tenir au courant de votre actualité. Par ailleurs, sur les réseaux sociaux, un internaute peut re-partager une information en deux clics, facilitant grandement le bouche-à-oreille.

### Cibler les particuliers avec Facebook

Plus de la moitié des internautes français sont actifs sur Facebook. Que vous soyez commerçant, artisan ou prestataire de services aux particuliers, il y a de fortes chances pour qu'une partie de vos clients soient présents et actifs sur Facebook.

Créer une page pour votre entreprise sur Facebook vous permet de partager facilement des informations avec les internautes qui la suivent. Lorsque vous publiez une information sur votre page, elle est poussée vers le fil d'actualité des membres de Facebook qui « aiment » la page (attention, dans la réalité, cette publication n'apparaît que pour une partie des fans de la page, voir le chapitre consacré à Facebook pour plus de détails). Par ailleurs, les fonctionnalités de la plateforme rendent facile la réaction et le partage d'informations par ces mêmes amis. Ce qui correspond dans la vraie vie à « Tu as vu ? Dans telle boutique, ils font une vente privée dimanche prochain » peut se traduire sur Facebook par un clic sur le lien « partager » placé sous un post annonçant la vente privée.

### Partager une page Facebook

*Je suis fan de la page « Passion-Ceramique » sur Facebook. Quand cette page poste une information sur le vernissage d'une exposition, cette information apparaît automatiquement sur mon fil d'actualité (ma page d'accueil sur Facebook).*

*J'ai cliqué sur le bouton « Partager » sous le post. Ce post apparaît alors dans mon journal et simultanément dans le fil d'actualité de mes amis.*

## AVIS D'EXPERT

**Alain Bosetti, président de Planète micro-entreprises, fondateur du Salon des micro-entreprises**

■ **Pensez-vous qu'une présence sur Facebook puisse remplacer à terme d'autres outils de fidélisation, tels que les newsletters électroniques ?**

« Je connais un salon de coiffure qui a fait exactement ce que vous décrivez et qui concentre maintenant toutes ses actions de fidélisation sur sa page Facebook, et ça fonctionne ! L'enjeu pour l'entrepreneur est d'amener ses clients à aimer sa page sur Facebook, au même titre qu'il n'y a pas si longtemps, l'enjeu était de recueillir leur adresse e-mail. Et pour ce faire, il faut vraiment créer de la valeur sur la page, quitte par exemple à réserver certains deals aux amis de la page. »

**Facteurs clés de succès de votre page Facebook** :

→ **Animez régulièrement votre présence.** Créer la page n'est que le début de la bataille. Vous allez devoir poster entre 3 et 5 fois par semaine. Assurez-vous que vous avez suffisamment de contenu à partager.

→ **Recrutez les amis de la page en incitant vos clients à la suivre.** Des magasins, des restaurants postent des messages sur leur lieu de vente pour inviter leurs clients à les suivre, faites de même. Utilisez tous vos outils de communication pour le faire.

→ **Adoptez un mode d'animation généreux et qui invite à l'interaction.** Ne vous contentez pas de faire de l'information descendante et nombriliste. Postez des informations intéressantes pour les fans de la page.

→ **Laissez les amis de la page poster des informations directement sur votre page.** Encouragez la participation des fans.

→ **Définissez votre ligne éditoriale** (le type d'informations que vous souhaitez partager sur votre page) et établissez un planning éditorial. Assurez-vous que les informations que vous souhaitez partager présentent un intérêt pour les internautes.

→ Enfin, gardez à l'esprit que même si créer sa page sur Facebook est gratuit, vous devrez dans certains cas acheter de la publicité pour promouvoir vos publications et en augmenter l'audience.

TÉMOIGNAGE

**Laurent Cellier**, cofondateur de la galerie d'art AccroTerre

« Une partie du chiffre d'affaires de la galerie vient de la vente de céramiques que nous gardons en réserve après les expositions. Comme nous prenons systématiquement des photos des pièces et que nous les partageons ensuite sur notre site et sur notre page Facebook, nous recevons des appels de collectionneurs qui cherchent des pièces d'un artiste en particulier et qui nous contactent après avoir découvert nos photos sur Internet. »

## Développer du contenu pour faire parler de vous

Internet est de plus en plus visuel. Offrir aux visiteurs de votre site et de vos espaces médias sociaux des photos et des vidéos devient essentiel pour capter leur attention. En complément de votre présence sur Facebook, vous pouvez donc décider de développer du contenu et d'établir une présence sur des médias sociaux tels que YouTube ou Instagram.

**Quel type de contenus créer et partager ?**

**Photos.** Des photos de vos nouveaux produits, de votre boutique, de votre espace d'exposition, de votre équipe. Mais pensez également à toutes les photos qui permettent à vos clients de rentrer dans votre univers. Vous créez des objets, des accessoires de mode ? Partager en photos vos sources d'inspiration du moment. Vous êtes artisan d'art et avez vu une exposition qui vous a inspiré ? Partagez des photos. Vous êtes traiteur et vous vous êtes levé tôt comme chaque matin pour aller préparer les plats du jour ? Faites une photo de la rue sur le vif très tôt le matin...Comme vous le voyez, il est possible de dépasser le cadre stricte des photos de produits.

**Les médias sociaux sur lesquels héberger ces photos :**

→ Plateformes classiques de partage de photos : Flickr, Photos dans Google+ (ex-Picasa).

→ Outils dits de « curation visuelle » : Instagram, Tumblr, Pinterest.

**TÉMOIGNAGE**

**Éric Hibelot**, céramiste, cofondateur de l'Atelier des garçons

« Pour moi, il est devenu tellement primordial de faire découvrir les créations de l'atelier grâce au partage d'images sur le blog, Facebook et Pinterest, que j'ai investis dans du matériel photographique de professionnel et que je retravaille légèrement les photos sous Photoshop pour rendre justice aux pièces. La qualité des photos doit primer. »

**Vidéos.** Les vidéos utiles pour la promotion de votre entreprise sont multiples :

→ **Les institutionnelles.** Des vidéos qui présentent votre entreprise, vos produits, vos services, votre histoire...

→ **Les témoignages.** Vous interviewez par exemple un de vos clients qui parle de son expérience.

→ **Les « virales ».** Des vidéos drôles dont l'objectif est d'une part, de donner une image sympathique et proche de votre entreprise et d'autre part, d'inciter au partage. Beaucoup s'y sont essayés sans succès.

→ **Les tutoriels.** Pensez à tous les sujets et conseils qui vous permettent de vendre plus ou mieux vos produits. De tout temps, les magasins de bricolage ont expliqué comment faire pour utiliser leurs produits. Prenez quelques instants pour réfléchir à votre propre activité et au type de tutoriel que vous pourriez créer. Ces vidéos sont à privilégier pour nourrir vos espaces sur les médias sociaux.

**Les plateformes de partage de vidéos** : YouTube, Dailymotion, Vimeo. Pour les vidéos, gardez en tête que les vidéos du type « tutoriel » sont davantage vues que celles qui parlent de vous. Dans ce cas, l'intérêt de la vidéo prime sur sa qualité. Attachez-vous dans vos vidéos à l'intérêt de l'information partagée.

De manière plus générale, le développement de contenu peut vous permettre d'émerger dans des requêtes faites sur des moteurs de recherche tels que Google. Le facteur clé de succès reste de bien travailler le référencement naturel de vos contenus en incluant par exemple des mots-clés dans les titres et les descriptions de vos vidéos ou bien dans le nom des images que vous mettez en ligne.

## TÉMOIGNAGE

**Nicolas Cohen**, cofondateur du site e-commerce A Little Market – www.alittlemarket.com

« Notre site est une place de marché d'objets faits main. Ce qui est important pour nous, c'est de donner envie de consommer du fait main et donc de valoriser l'acte de création. Nous faisons régulièrement des vidéos pour mettre en valeur nos créatrices. Elles acceptent même de réaliser des tutoriaux pour montrer comment faire certains objets... ce qui leur permet en fait de montrer leur savoir-faire et de donner envie d'acheter leurs créations. »

**En résumé** :

→ Lorsque vous ciblez une clientèle de particuliers, la priorité est d'utiliser les médias sociaux pour fidéliser vos clients. Incitez vos clients à suivre vos espaces médias sociaux avant de vous livrer à la conquête de fans qui ne vous connaissent pas encore.

→ N'oubliez pas la dimension sociale de ces médias et pensez à travailler les interactions avec les internautes. Mesurez le succès de vos actions à l'aune de ces interactions et non pas uniquement à la taille de votre communauté.

→ Travaillez l'attractivité de vos contenus et des informations que vous partagez. Vous pouvez pousser l'exercice jusqu'à réserver informations et promotions aux clients qui vous suivent sur les médias sociaux.

## 5. BtoB : prospecter et fidéliser des professionnels

■ ■ ■ Si vous exercez une activité BtoB, vous allez utiliser les médias sociaux pour trouver de nouveaux clients et travailler la relation avec vos prospects et clients en portefeuille.

Ces usages s'articulent autour de trois tactiques complémentaires :

→ Entretenir les relations *via* les réseaux sociaux professionnels avec vos clients et les prospects qui vous connaissent déjà mais ne sont pas encore clients.

→ Générer de l'intérêt et des leads entrants en travaillant votre identité numérique.

→ Détecter des projets à travers des conversations ayant lieu sur les médias sociaux.

## Entretenir les relations avec clients et prospects

Cette stratégie est le prolongement direct de ce que nous avons vu au début de ce chapitre. En entretenant régulièrement votre réseau grâce notamment à Viadeo et LinkedIn, vous pouvez rester à l'esprit de vos clients et prospects. L'enjeu pour vous est clair : qu'ils pensent à vous quand ils auront un besoin.

## Générer de l'intérêt et des leads entrants

**CONSEIL PRATIQUE**

> Demandez en contact direct sur Viadeo et/ou LinkedIn les clients et prospects déjà rencontrés. Travaillez ces contacts en réagissant régulièrement à ce qu'ils publient sur ces réseaux. Tenez-les au courant de votre actualité en partageant du contenu intéressant sur votre profil.

Notre rêve à tous est d'être tellement connu et bien connecté que nous n'aurons jamais à prendre notre téléphone et « passer des appels dans le dur ». Un travail assidu de votre identité numérique peut vous aider à vous rapprocher de ce but ultime. Adopter une stratégie de contenus en produisant vous-même ce contenu ou bien en sélectionnant, synthétisant et commentant des informations paye sur le long terme.

**TÉMOIGNAGE**

**Mathilde Lauriau-Tedeschi**, consultante en branding, fondatrice d'Unlimi-Ted

« Je partage régulièrement des articles autour du branding sur mon profil LinkedIn. Un moyen simple pour moi de ré-affirmer mon domaine d'expertise et de rester à l'esprit de l'ensemble de mes contacts professionnels. Pour moi, il est essentiel que dès qu'une problématique de branding se présente à eux, ils pensent immédiatement à moi. »

En complément de ce que nous avons déjà vu dans ce chapitre, gardez à l'esprit qu'échanger dans des groupes professionnels, répondre à des questions posées, sont autant d'opportunités pour vous d'échantillonner votre savoir-faire et votre expertise. Facteur clé de succès : adopter une approche généreuse.

**AVIS D'EXPERT**

**Éric Messeca, consultant en accompagnement digital dans la conduite du changement**

■ **Quelle erreur est souvent commise par les entrepreneurs sur les groupes Viadeo ?**

« Trop souvent, ils ne prennent pas le temps d'établir de relations avec les autres membres. Ils viennent sur le groupe, postent une annonce purement publicitaire et repartent sans avoir échangé avec qui que ce soit. Transposez ça à la vraie vie et vous vous rendez rapidement compte du caractère contre-productif de cette démarche. Faites plutôt preuve de patience. Commencez par observer puis par échanger avec d'autres membres. Essayer de leur forcer la main ou de leur vendre quelque chose, alors que la confiance n'a pas été acquise, est inutile. Je recommande d'ailleurs très souvent la rencontre physique après les premiers échanges pour renforcer la relation. »

## Détecter des projets

Cette tactique consiste à se servir des conversations qui ont lieu sur Internet pour détecter des prospects en recherche active d'une solution, solution correspondant à votre offre.

Pour mettre en place cette tactique, suivez ces étapes clés :

→ **Définissez le plus précisément possible les contacts qui vous intéressent :** titre, fonction, type d'entreprise, industrie, localisation... ainsi que les projets qui vous intéressent. Cette phase est indispensable pour pouvoir, d'une part, mettre en place les bonnes recherches par mots-clés et, d'autre part, fréquenter les lieux de conversation dans lesquels vos prospects échangent.

→ **Mettez en place des outils de veille** en vous concentrant sur les discussions dans les forums, les blogs et leurs commentaires et enfin, sur Twitter.

→ Un conseil quand vous mettez en place votre veille : **commencez par des mots-clés larges au début** et affinez ensuite en fonction des premiers résultats que vous recevez. Vous verrez par exemple qu'il peut être pertinent de rajouter dans votre recherche des expressions contenant le mot « recherche » ou « demande » ou « appel d'offres ».

Une fois que vous avez identifié des contacts potentiels, il vous reste à les contacter. Attention à votre approche, il ne s'agit pas de tenir un discours agressif ou intrusif mais bien d'entrer en contact pour présenter votre service.

**Les médias sociaux à privilégier** :

→ Les réseaux sociaux professionnels : Viadeo et/ou LinkedIn, à choisir en fonction des préférences de votre réseau.

→ Twitter en complément, est utile pour mettre en place une veille sur des sujets qui vous intéressent. Il peut également vous aider à projeter une expertise pointue.

→ SlideShare pour publier des présentations PowerPoint sur des questions clés liées à votre expertise.

→ Des outils de curation tel que Scoop.it pour, là aussi, enrichir votre veille et dans certains cas, projeter votre expertise.

**En résumé** :

→ Pour prospecter et fidéliser des clients dans un univers BtoB, combinez plusieurs usages des médias sociaux et faites preuve de patience et de régularité.

→ Comme dans tout acte de communication, avoir au préalable développé une identité numérique précise et reconnue dans votre secteur d'activité facilite grandement l'acte de vente. Ne négligez pas cette étape.

→ En BtoB, les réseaux sociaux ne font que renforcer l'importance du travail du réseau professionnel pour développer ses ventes. Les personnes avec lesquelles vous êtes en contact sur Viadeo et LinkedIn doivent être le reflet de votre réseau professionnel physique. Il ne s'agit pas d'un « autre » réseau.

## 6. Générer du trafic vers les contenus que vous produisez

■ ■ ■ Développer du contenu peut être chronophage et une fois que vous avez fait cet effort, vous voulez lui donner l'audience la plus large possible.

### Qu'entend-on par « contenu » ?

Il s'agit de tout ce que vous produisez et mettez à la disposition des internautes : billets de votre blog, fiches descriptives de vos produits hébergés sur votre site, présentations PowerPoint, vidéos mises en ligne sur des plateformes telles que SlideShare ou Dailymotion...

En résumé, vos contenus se caractérisent par :

- leur format : texte, vidéo, photo, présentation Powerpoint... ;
- l'endroit où vous allez les héberger : votre site Internet, votre blog, la chaîne que vous créez sur Youtube ou SlideShare par exemple (soit vos espaces sur les médias sociaux).

**Deux tactiques pour générer du trafic vers vos contenus grâce aux médias sociaux**

**→ Tactique #1 : Inciter au partage de vos contenus**

Ajoutez des fonctionnalités à vos contenus pour qu'ils soient faciles à partager sur les médias sociaux. C'est l'exemple des boutons de « social sharing » que vous voyez sur certains sites d'informations ou sur des blogs. Ces boutons permettent en un ou deux clics de partager un article que vous venez de lire sur Facebook, Viadeo, LinkedIn ou Twitter.

### Faciliter le partage de ses posts

*Sur le site du Salon des micro-entreprises, il est possible à chaque internaute de repartager facilement sur leurs propres profils des informations concernant une conférence qui les intéresse.*

---

### Bon à savoir

→ Que vous ayez ou non développé votre page sur Facebook, vous pouvez tout à fait rajouter sur votre site Internet ou votre blog un bouton de partage de votre contenu sur Facebook. En effet, ce bouton permet aux internautes de partager en deux clics votre contenu sur leur propre profil Facebook. **C'est complètement indépendant de votre propre présence sur le réseau.**

---

**CONSEIL PRATIQUE**

> Si vous êtes présent à titre personnel sur des réseaux sociaux, n'hésitez pas à partager aussi votre contenu à partir de votre propre profil. Vous avez dans votre réseau relationnel et parmi vos contacts des personnes qui souhaitent le succès de votre entreprise et se feront un plaisir de repartager vos contenus. Profitez-en !

### → Tactique #2 : Soyez le premier à partager vos contenus

Si vous avez développé des espaces sur les médias sociaux au nom de votre entreprise, partagez dans ces espaces le contenu que vous avez produit : une chaîne YouTube, une page Facebook...

## Des actions efficaces pour le référencement naturel de votre site ou blog

Les dernières études montrent que près de 20 % des paramètres de l'algorithme de Google sont liés à l'activité sociale autour des pages indexées. En d'autres termes, plus une page est partagée sur les médias sociaux, plus elle a de chances d'être bien référencée. On soupçonne également Google de donner un avantage à Google+ mais cette préférence n'est pas confirmée par Google. Une nouvelle page de site ou de blog partagée sur Google+ serait par exemple indexée plus rapidement par Google.

### AVIS D'EXPERT

**Christophe Vieira, animateur du blog Tendances-webmarketing.com**

- **Quelle importance prend Google+ dans le référencement d'un site ?**

« Corrélation n'implique pas causalité. Pour autant, force est de constater que les contenus qui performent en SEO ont accumulé un grand nombre de partages sur les réseaux sociaux, Google+ inclus. J'ai l'intime conviction que les actions de type +1 et les partages pèsent en faveur du référencement naturel des pages d'un site ou d'un blog. Mais attention, pour arriver à optimiser son référencement naturel, il faut aller bien au-delà du simple rajout du bouton +1 à votre site Internet et de la création d'une page sur Google+. En effet, plus il y aura d'activité autour de vos pages et plus vous serez bien « noté » par Google+ et cela passe évidemment par le développement d'une véritable audience sur Google+. »

## Et la publicité dans tout ça...

D'une manière plus classique, il est possible d'augmenter la visibilité de votre entreprise en achetant de la publicité sur les médias sociaux. Le ticket d'entrée est faible sur des médias tels que Facebook et YouTube. Sur Facebook, vous pouvez payer votre campagne au clic et sur YouTube à la vidéo vue. Ces médias mettent à votre disposition des espaces de gestion de vos campagnes en libre-service.

### Facteurs clés de succès

→ **Attachez-vous à créer du contenu intéressant pour votre cible de communication.** Pour que le contenu que vous produisez soit partagé ou retweeté, il faut qu'il soit intéressant et donc apporte des informations supplémentaires par rapport à tout ce que l'on peut déjà trouver sur Internet. Il ne s'agit pas de dévoiler des secrets de fabrication. Cependant, vous devez vous préparer à partager davantage que ce que vous feriez naturellement.

→ **Optimisez le référencement naturel de vos contenus.** Ayez une vision claire des mots ou expressions clés prioritaires pour vous. Intégrez un mot-clé dans la description associée à chaque contenu, au titre de votre billet de blog...

## 7. Co-créer

Les médias sociaux sont par nature interactifs et participatifs. Certaines entreprises s'appuient sur l'envie qu'éprouvent les internautes de participer pour améliorer leurs produits et services.

Deux usages se dégagent pour les petites entreprises :

→ **La co-création « boîte à suggestions »** : demandez à vos clients de partager des idées pour améliorer votre produit ou votre service ou bien. Vous avez plusieurs choix possibles pour votre packaging ou une évolution de votre offre et vous leur demandez de choisir l'option qu'ils préfèrent.

→ **Le « self-care »** : ce sont vos propres clients qui répondent aux questions que peuvent avoir d'autres clients sur l'utilisation de votre produit ou service. Ils assurent en quelque sorte le service client et développent *de facto* le guide d'utilisation de votre produit. Ce dernier usage est particulièrement pertinent si vous proposez une application informatique.

## La co-création « boîte à suggestions »

Recueillir l'opinion peut se faire simplement en posant des questions dans l'une de vos communautés. Les animateurs de la page Facebook Michel et Augustin, par exemple, l'ont bien compris. Régulièrement, ils invitent leurs fans à choisir le packaging qu'ils préfèrent ou à donner leur préférence entre plusieurs nouveaux produits possibles.

**CONSEIL PRATIQUE**

› Si vous souhaitez solliciter l'avis de votre communauté, il est indispensable de leur soumettre des choix complètement viables pour vous. Il ne s'agit pas de tactiques détournées d'animation de votre page Facebook. En effet, vous serez obligé – sous peine de perdre toute crédibilité – de mettre en place le choix de votre communauté.

**AVIS D'EXPERT**

**Marie-Alice Boyé, formatrice et consultante en webmarketing**

▪ **Connaissez-vous une entreprise ayant utilisé la co-création sur les médias sociaux ?**

« Aux États-Unis, le cas de la société Lolly Wolly Doodle montre ce qu'il est possible de faire en suivant des réactions des internautes à partir d'une simple page Facebook. Sa fondatrice, Brandi Temple, a eu l'idée de tester ses modèles de vêtements pour enfant sur sa page. Le principe est simple : elle présente à ses plus de 900 000 fans les derniers modèles – des prototypes – et les invite à commander directement sur la page en laissant en commentaire la taille qu'ils souhaitent et leur adresse e-mail. Lorsqu'un modèle enregistre un nombre de commandes suffisamment élevé, elle décide de passer à de la production de masse. Dans tous les autres cas, elle fabrique le modèle à la demande. Ce mode de fonctionnement lui permet de réduire le besoin en stocks. Un avantage considérable dans l'industrie textile. »

L'exercice de co-création peut aller plus loin. Certaines plateformes dites «de feedback» permettent aux participants de soumettre des suggestions à vos produits et services et de voter pour celles qui leur paraissent les plus intéressantes. L'intérêt est double : non seulement vous recueillez des idées d'amélioration, mais également une priorisation de ces améliorations.

## Le « self-care », service client auto-géré... ou presque

Cet usage est moins développé car plus délicat à mettre en place. Devant l'explosion des coûts associés au service après-vente, des sociétés telles que Bouygues Telecom mettent en place des communautés de self-care. Bien évidemment, il est important de modérer les échanges et surtout d'ajuster les réponses incorrectes.

Cette utilisation des communautés vous permet de créer des questions/réponses adaptées aux réels besoins de vos clients et ensuite, de gagner du temps puisqu'une partie des réponses sont apportées par la communauté.

Nous ne reviendrons pas sur ces usages des médias sociaux dans la suite de l'ouvrage mais si vous voulez approfondir ce sujet, UserVoice et Zendesk sont deux exemples de plateformes permettant de mettre en place à moindre coût une solution de self-care.

## La levée de fonds : le crowdfunding

De nouvelles plateformes ont vu le jour et permettent aux jeunes sociétés de mettre en place des campagnes de levées de fonds pour financer certains de leurs projets. Contrairement à des campagnes de levées de fonds classiques dans lesquelles on échange financement contre parts de la société, il s'agit ici de recueillir des fonds qui serviront à financer un projet précis sans prise de participation dans la société de la part des donateurs. Une jeune créatrice de mode pourra par exemple financer sa première collection, un inventeur la fabrication de son prototype. Les donateurs recevront en contrepartie une dotation qui dépend de leur niveau de don.

Le principe est simple : vous présentez votre projet, vous définissez le montant de la levée de fonds et ce que vous donnerez en fonction des différents niveaux de contribution, puis au lancement de la campagne, vous faites la promotion de votre projet. C'est bien là que les médias sociaux peuvent prendre tout leur intérêt. En effet, pour en assurer le succès, il sera indispensable de faire connaître la campagne sur les réseaux sociaux et d'inciter vos proches à s'en faire l'écho auprès de leur propre réseau et notamment *via* les réseaux sociaux. En d'autres termes, les campagnes de ce type ne se viralisent pas toutes seules.

**Exemples de plateformes populaires en France :**

→ Ulule : fr.ulule.com

→ Kickstarter : www.kickstarter.com

→ KissKissBankBank : www.kisskissbankbank.com

→ Indiegogo : www.indiegogo.com

# L'essentiel

1. **Entretenir et développer votre réseau relationnel.** Intégrez l'usage de Viadeo et LinkedIn dans votre vie quotidienne d'entrepreneur.

2. **Faire de la veille.** Utilisez les médias sociaux pour gagner du temps.

3. **Établir votre identité numérique.** Les médias sociaux peuvent accélérer la reconnaissance de votre expertise.

4. **BtoC : fidéliser et conquérir vos clients.** Travaillez en priorité la fidélisation. Un bon moyen de développer le bouche-à-oreille.

5. **BtoB : prospecter et fidéliser des professionnels.** Gagnez en efficacité dans le développement de votre réseau.

6. **Générer du trafic vers vos contenus.** Partagez vos contenus sur ces médias et ayez un effet positif sur leur référencement.

7. **Co-créer.** Faites remonter les suggestions de vos clients ; assurez une partie du service-client ; faites financer vos projets.

# Vers un plan d'action

- D'après les objectifs pouvant être atteints grâce aux médias sociaux, quels sont vos objectifs prioritaires ?
- Quelles bonnes habitudes souhaitez-vous mettre en place pour mieux utiliser Viadeo et LinkedIn ?
- De quel sujet souhaitez-vous devenir expert ?
- Qu'avez-vous mis en place pour fidéliser vos clients ? En quoi les médias sociaux pourraient vous aider ?

# 3
# Comment planifier votre action ?

*Un bon plan mis en œuvre aujourd'hui vaut mieux qu'un plan parfait exécuté la semaine prochaine.*
George S. Patton

## Objectifs

- Construire votre stratégie médias sociaux.
- Définir votre plan d'action.

# Votre plan d'action

La plupart des solutions proposées par les médias sociaux sont gratuites, mais ce coût faible est largement compensé par le temps que vous allez passer pour atteindre vos objectifs. Faites les bons choix au départ, prenez un peu de recul et construisez un plan médias sociaux.

Les principales étapes de construction de ce plan :

→ Définir vos objectifs et vos cibles.

→ Déterminer la bonne tactique.

→ Choisir le ou les médias que vous allez utiliser.

## Définir vos objectifs et vos cibles

**Définir votre objectif.** Il s'agit pour vous de choisir, parmi les sept objectifs médias sociaux du chapitre précédent, celui ou ceux qui sont prioritaires pour vous. Fixer un objectif est en effet essentiel avant de vous engager. Trop de sociétés se sont jetées dans les médias sociaux avec pour seul objectif d'y être présentes. Sans objectif clair, leur action n'a pas été guidée et elles ont ensuite abandonné ces premiers espaces. Nous avons tous croisé sur Internet des comptes médias sociaux animés sporadiquement ou laissés à l'abandon.

Vous pouvez choisir plusieurs objectifs à condition qu'il y ait des synergies entre eux et qu'ils puissent s'appuyer sur les mêmes médias. Vous devez absolument éviter de vous lancer dans un déploiement trop ambitieux en termes de moyens. N'oubliez pas que vous allez installer votre action dans la durée. Sauf exception, vous ne pourrez pas entretenir simultanément une présence efficace sur Facebook, Twitter, Viadeo et Pinterest, par exemple.

Enfin, en phase de lancement de votre activité, trouver de nouveaux clients va probablement être votre priorité. Gardez à l'esprit que des objectifs tels que fidéliser vos clients ou établir votre identité numérique peuvent également vous aider à attirer de nouveaux clients. Ces objectifs en apparence secondaires sont dans une certaine mesure plus faciles à atteindre que la conquête de nouveaux clients. Ne les négligez pas. Sur les médias sociaux, la conquête se fait par ricochet : des internautes qui vous connaissent parlent positivement de vos produits ou services, partagent une de vos actualités et cela vous permet alors d'atteindre des prospects.

**Définir votre cible.** La cible prioritaire de votre action détermine les médias que vous allez choisir. D'autre part, si vous ciblez vos clients finaux, connaître leur profil vous permet d'affiner votre stratégie de conquête : en BtoC, leur âge ou leur sexe par exemple, en BtoB, leur industrie ou leur fonction et dans tous les cas, la géographie. N'hésitez donc pas à être le plus précis possible dans la description de votre cible.

## Déterminer la bonne tactique

Une fois votre objectif et votre cible définis, déterminez la tactique que vous souhaitez adopter.

**Utiliser les espaces créés par d'autres.** Si vous décidez de développer votre réseau professionnel en rejoignant un groupe Viadeo et en y prenant une part active, *de facto*, vous utilisez l'espace qui a été créé par l'animateur du groupe pour servir votre objectif. Cette phase de participation à des espaces déjà créés est d'ailleurs très utile pour se familiariser avec les outils, en comprendre la logique de fonctionnement et les règles de bonne conduite.

**Créer vos propres espaces sur les médias sociaux.** C'est une option plus impliquante et qui peut être chronophage. Vous allez choisir entre la création d'une page Facebook pour votre activité, un compte Twitter, une page entreprise sur Viadeo, LinkedIn ou des chaînes sur les plateformes de partage de contenus. Ces dernières pouvant être utilisées en complément d'une présence sur les réseaux sociaux.

**Acheter de la publicité.** Les médias sociaux offrent des possibilités de ciblage intéressantes. Les utiliser pour conquérir de nouveaux clients peut faire partie de vos tactiques.

**Intégrer des fonctionnalités de social sharing sur votre site ou blog.** Là encore, ce sont des possibilités qui ne sont offertes que par les médias sociaux. Cette tactique consiste à rajouter à votre site Internet des boutons permettant aux internautes de partager facilement une page de votre site sur leurs propres profils de réseaux sociaux. Par exemple, vous pouvez rajouter un bouton de partage sur Google+ même si vous n'y êtes pas présent, une opportunité pour vous de générer du trafic additionnel.

**Créer un blog.** Pour ceux d'entre vous qui souhaitent développer leur identité numérique autour d'une expertise en créant du contenu, le blog vous servira alors de contenant.

### Tableau récapitulatif des différentes techniques

| | **Utiliser les espaces créés par d'autres** | **Créer vos espaces sur les médias sociaux** | **Acheter de la publicité** | **Intégrer du social sharing** | **Créer un blog (support)** |
|---|---|---|---|---|---|
| Entretenir et développer votre réseau | X | X | | | |
| Faire de la veille | Dispositif propre pour atteindre cet objectif. | | | | |
| Établir votre identité numérique | X | X | X | X | X |
| Fidéliser et conquérir vos clients | X | X | | X | X |
| Prospecter des professionnels | X | | X | X | X |

| | Utiliser les espaces créés par d'autres | Créer vos espaces sur les médias sociaux | Acheter de la publicité | Intégrer du social sharing | Créer un blog (support) |
|---|---|---|---|---|---|
| Générer du trafic vers vos contenus | Possible mais anecdotique. | X | | X | |
| Co-créer | | X | | | |

En bref, les décisions les plus importantes pour vous et les plus impliquantes :

- Devez-vous créer votre propre espace sur les médias sociaux ?
- Est-ce qu'il est nécessaire pour vous d'avoir un blog ?

Dans tous les cas, en fonction de vos objectifs, les tactiques se révèlent plus ou moins adaptées.

## AVIS D'EXPERT

**Cédric Deniaud, blogueur, cofondateur du cabinet conseil Internet, The Persuaders**

**Quelles sont les erreurs les plus fréquentes commises par les petites entreprises quand elles créent une présence sur les médias sociaux ?**

« On observe principalement trois types d'erreurs. La première consiste à projeter son usage personnel sur l'usage que l'on peut faire des médias sociaux pour son entreprise. Si l'on fait cela, on limite mécaniquement son usage aux seuls Facebook et Twitter et d'autre part, on a tendance à reproduire des mécanismes fonctionnels expérimentés à titre personnel pour son entreprise, avec des résultats souvent décevants.

La deuxième erreur consiste à se laisser aveugler par leur simplicité apparente. Même si créer sa présence est à la portée de tous, savoir cibler, animer, se faire connaître auprès de communautés est autrement plus compliqué.

Enfin, la troisième erreur est d'y aller pour faire comme tout le monde, sans y investir les ressources ou le temps nécessaires. La présence ainsi développée risque de ne trouver qu'un faible écho. »

## Choisir les médias sociaux à utiliser

C'est un choix essentiel si vous décidez de créer vos propres espaces sur les médias sociaux. Pour choisir entre Facebook, Viadeo, LinkedIn et Twitter, vous allez prendre en compte plusieurs paramètres :

→ **Les préférences de vos cibles de communication.** L'intérêt grandissant des marketeurs pour les médias sociaux vient de leur large adoption. L'idée derrière cela est d'aller à la rencontre de l'internaute, de se rendre là où il se trouve. Condition clé de succès : choisir le réseau social qui est fréquenté par votre cible. C'est d'ailleurs pour cette raison que Facebook n'est pas la réponse universelle à toutes vos activités médias sociaux ! Pour simplifier :

- Facebook est adapté si vous vous adressez à une cible de particuliers et de professionnels appartenant à de petites entreprises (entrepreneurs, indépendants, professions libérales).
- Viadeo et LinkedIn si vous vous adressez à une cible entreprise. Ces deux réseaux sont dans tous les cas à privilégier pour garder le contact avec votre réseau professionnel.
- Twitter dès que vous cherchez à vous rapprocher d'une cible d'influenceurs.
- Google+ quelle que soit votre cible puisque vous cherchez à « influencer Google ».

→ **Vos objectifs.** Twitter est un outil de veille, Facebook ne l'est pas. Dans le tableau suivant, nous verrons quels médias sont plus adaptés à quels objectifs.

→ **Vos propres préférences.** Si vous avez une appétence naturelle pour un média, prenez cela en compte pour prendre votre décision.

Tableau de choix : objectifs/médias

| | Facebook | Viadeo | LinkedIn | Twitter |
|---|---|---|---|---|
| Entretenir et développer votre réseau professionnel | (mineur) | X | X | |
| Faire de la veille | | X | X | X |
| Établir votre identité numérique (domaine d'expertise) | X | X | X | X |
| Fidéliser et conquérir vos clients | X | X | X | |
| Prospecter des professionnels | | X | X | X |
| Générer du trafic vers vos contenus | X | X | X | X |
| Co-créer | X | X | X | |

En ce qui concerne les plateformes de partage de contenu, leur choix va prioritairement dépendre du type de contenu que vous souhaitez partager : vidéos, photos, présentation Powerpoint...

# Création de vos propres espaces... à quoi faut-il penser ?

## Définir votre stratégie de contenu

Établir votre identité numérique, fidéliser et conquérir vos clients : pour servir ces deux objectifs, vous devez partager du contenu. **Les questions à vous poser :**

→ Devez-vous produire vous-même le contenu ou bien pouvez-vous vous contenter d'identifier, trier et partager du contenu produit par d'autres (logique de curation) ?

→ Si vous devez produire du contenu, sous quelle forme souhaitez-vous le faire : textes, vidéos, photos, présentations PowerPoint ?

**Production de contenu.** Si l'exercice d'écriture ne vous rebute pas, allez-y, produisez du contenu ! Vous pouvez écrire de temps en temps et publier sur votre propre blog, participer à des blogs collaboratifs ou bien sur votre site, voire sur votre page Facebook.

**Curation.** Si l'écriture ne vous attire pas, limitez-vous à la curation d'informations, ce qui vous permet également de rester en veille active sur votre secteur d'activité. De plus, vous pouvez tout à fait partager des idées pour renforcer votre expertise à travers une présentation PowerPoint que vous hébergez sur votre chaîne SlideShare.

CONSEILS PRATIQUES

> Si vous décidez de créer un blog, ne vous mettez pas une pression inutile en ce qui concerne le nombre de publications. Votre blog va avant tout vous servir de plateforme pour les contenus que vous produisez. Votre objectif n'est pas de devenir blogueur, influent.

> Si vous préférez recourir à la curation, soyez le plus sélectif possible dans les informations que vous partagez. En effet, la valeur que vous allez apporter à vos contacts vient des choix que vous faites et de l'intérêt de ce que vous republiez. Ne publiez pas systématiquement tous les nouveaux articles portant sur votre domaine d'expertise quelle que soit leur qualité. En agissant ainsi, vous ne feriez qu'ajouter au bruit ambiant.

## Définir votre ligne éditoriale

De quoi allez-vous parler dans vos espaces sur les réseaux sociaux ? Quelles informations allez-vous poster ? Qu'attendent les internautes qui rejoignent votre communauté ? En fonction de votre activité et du profil de vos cibles, la réponse varie. Pour la définir, rendez-vous sur les espaces créés par des entreprises de votre secteur d'activité. Regardez ce qu'elles postent, identifiez les informations qui génèrent des réactions et ensuite vous pourrez déterminer ce qui va attirer et fidéliser les membres de votre communauté.

Votre ligne éditoriale vous permet également de préciser les trois bonnes raisons de rejoindre votre communauté ; arguments dont vous aurez besoin pour recruter des membres.

Attention : concentrez-vous sur des publications qui peuvent intéresser votre audience. Par exemple, si vous êtes coach, le lancement de votre site Internet sera une information moins intéressante pour votre audience qu'un article leur donnant 3 conseils-clés pour éviter de procrastiner !

**AVIS D'EXPERT**

**Isabelle Mathieu, blogueuse, consultante et formatrice en e-marketing et médias sociaux – www.isabelle-mathieu.com**

- **Comment émerger sur les médias sociaux ?**

« Pour sortir du lot, il faut vraiment établir sa ligne éditoriale, s'y tenir et s'imposer un rythme de publication suivi dans la durée. Sans cette discipline, vous serez déçu des résultats. »

## Comment recruter ?

Au même titre qu'il ne suffit pas de créer un site pour avoir des visiteurs, une page Facebook ou LinkedIn n'attirent pas toutes seules des visiteurs puis des abonnés. Vous allez mener des actions de recrutement. Heureusement, en ce qui concerne les médias sociaux, vous pouvez tout à fait amorcer le recrutement sans dépenser des fortunes.

Actions de recrutement :

→ Assurez-vous que vous invitez bien à rejoindre vos pages réseaux sociaux dans votre espace de vente (magasin, atelier), en signature de vos mails, sur votre site Internet ou votre blog. Les réseaux sociaux vous fournissent des visuels que vous pouvez facilement intégrer sur votre site.

→ Si vous avez une liste de diffusion, envoyez un e-mail au lancement de votre profil ou de votre page pour inviter vos contacts actuels à vous y rejoindre. Incluez ensuite un bouton « rejoignez-nous sur... » dans l'ensemble de vos communications par mail.

→ Invitez *via* vos profils personnels vos amis et relations professionnelles à suivre vos nouveaux espaces.

En d'autres termes, concentrez vos actions de recrutement sur les contacts qui vous connaissent déjà.

**TÉMOIGNAGE**

**Sandie Carol Dougnac**, photographe et *wedding planner* – LoverBirds in Paris

« Pour moi, il est essentiel que les couples que je photographie suivent ma page Facebook et ensuite commentent et repartagent les photos que je publie. Ils exposent ainsi leurs amis et contacts à mon travail. C'est le meilleur bouche-à-oreille. Évidemment, j'ai aussi la chance de travailler sur des moments de vie chargés en émotion positive, ça facilite le partage ! »

## Comment animer votre présence ?

Sur Twitter, votre animation doit être quotidienne. Sur Facebook, il faut idéalement publier 5 fois par semaine. Sur Viadeo et LinkedIn, plusieurs fois par semaine.

Pour tenir ce rythme, définissez le type d'informations que vous allez poster. Par ailleurs, souvenez-vous que l'animation d'un espace ne se limite pas à une communication descendante. Vous devez également poster des informations vues ailleurs que sur votre site et créer des occasions pour votre communauté de prendre la parole et de parler d'elle.

Exemples de types d'informations que vous pouvez poster :

- informations produits (nouveautés, promotions) ;
- événements ;
- contenu éducatif et informationnel ;
- informations étonnantes ou inspirantes (notamment pour Facebook) ;

– citations/messages d'encouragement, collectifs ou individuels ;
– messages qui mettent en valeur un membre qui participe souvent (exemple : mini-interview).

La liste est longue. Pour aller plus loin, au bout de quelques semaines, identifiez les posts qui fonctionnent le mieux, qui provoquent le plus de réactions et augmentez leur cadence de publication.

**Au-delà des informations à poster, quel est le rôle de l'animateur de l'espace ?**

→ **Faire respecter la ligne éditoriale.** Par exemple, si vous n'acceptez pas de publicité de tiers dans votre espace, éliminez systématiquement les posts de cette nature et écrivez au membre qui les a postés pour lui expliquer la raison du retrait. Nous vous conseillons d'ailleurs d'inclure dans votre espace une charte d'usage, dans laquelle vous stipulez clairement les informations que vous acceptez et celles que vous refusez.

→ **Encourager la participation** en relançant les commentaires et en interagissant avec les membres.

# Exemples de plans médias sociaux

Le document que vous allez écrire peut tenir sur deux pages. Nous vous recommandons de le compléter et l'enrichir au fil de vos actions et de vos expériences. Ce document n'est en aucun cas un exercice académique mais doit vous aider à définir votre projet et à gagner du temps quand vous passerez à l'action.

## Exemple de plan pour une galerie d'art spécialisée en céramique contemporaine

**Objectifs :**

– Développer sa notoriété.
– Fidéliser ses visiteurs et clients.

**Cibles :**

- Les visiteurs et clients actuels de la galerie.
- Les amateurs de céramique qui ne connaissent pas encore la galerie.

**Média sélectionné :**

- Page Facebook.

**Ligne éditoriale de la page Facebook :**

- Donner l'actualité de la galerie et notamment des expositions pour donner envie de venir.
- Valoriser les céramistes pendant qu'ils exposent mais également après leur passage. Important pour montrer aux collectionneurs notre rôle de détecteur de talents.

**Types de posts sur la page :**

*Pour chaque exposition* :

- Un message d'annonce une semaine avant l'exposition.
- Un post pour inviter au vernissage.
- Des photos de l'exposition.
- Des posts relayant chaque retombée presse (à espacer pendant le mois d'exposition).
- Un message de rappel une semaine avant la fin de l'exposition.

Créer une invitation sur Facebook pour chaque vernissage, envoyée de mon profil Facebook.

*Pour valoriser les artistes exposés* :

- Une interview courte de l'artiste.
- Des nouvelles « où en sont-ils » ; les expositions auxquelles ils participent.

**Actions de recrutement :**

- Mettre une affichette sur la porte de la galerie « Rejoignez-nous sur Facebook ».
- Envoyer un e-mail de lancement au fichier « vernissage ».
- Mettre un bouton d'appel à l'action sur le site de la galerie.

- Utiliser mon profil personnel pour devenir ami de céramistes, de collectionneurs, de clients de la galerie, et ensuite les inviter à « aimer » la page de la galerie.

## Exemple de plan pour un consultant indépendant

**Objectif** :

- Faire reconnaître son expertise dans le domaine du big data.

**Cibles :**

- Fonction : directeur marketing.
- Type d'entreprises : gros sites e-commerce.

**Médias sélectionnés :**

- Linkedin : animation du profil + participation à des groupes sur le sujet du big data.
- Google+.
- Twitter : pour faire de la veille dans un premier temps.
- SlideShare : pour créer des présentations PowerPoint à partager sur le profil LinkedIn.

**Ligne éditoriale** :

- Sur LinkedIn : au moins une fois par semaine, partager un article intéressant sur le big data.
- Sur Google+ : partager la même information.

**Actions de recrutement :**

- Intégrer LinkedIn dans ses process de relationnel : demander systématiquement en contact les personnes rencontrées.
- Rajouter le lien vers son profil LinkedIn en signature de mails.
- Envoyer un mail aux contacts de son carnet d'adresses lors de la publication d'un nouveau PowerPoint sur SlideShare.

# L'essentiel

**Votre plan d'action.** Clarifier vos objectifs et définir vos cibles sont deux étapes essentielles de votre action sur les médias sociaux.

**Création de vos propres espaces.** La création d'espaces dédiés n'est pas le passage obligé de toute action médias sociaux. Vous pouvez tout à fait commencer en étant actif dans des espaces créés par d'autres. Le choix des médias sur lesquels développer votre présence dépend de vos objectifs et des préférences de votre cible.

**Le plan médias sociaux.** Pour réussir votre présence, définissez au préalable la ligne éditoriale que vous souhaitez suivre ainsi que vos actions de recrutement. Vous pourrez ensuite ajuster la périodicité et le mode de votre animation en fonction du média et des résultats obtenus.

# Vers un plan d'action

- Quel est votre plan d'action ? Donnez-vous deux heures pour le faire, en suivant la méthodologie décrite.
- Vous n'arrivez pas à trancher sur certains points ? Écrivez les questions que vous vous posez : quelles sont leurs réponses spécifiques ?
- Pour quels médias sociaux avez-vous une appétence naturelle ? Si ces médias sont en cohérence avec les médias vous permettant d'atteindre vos objectifs, concentrez-vous sur ceux-là.

# 4
# Facebook en pratique

*L'histoire du commerce est celle*
*de la communication des peuples.*
MONTESQUIEU

## Objectifs

- Apprendre à créer votre page.
- Comprendre les mécanismes d'animation pour tirer le meilleur parti de votre présence en ligne.

# Créer votre page Facebook

Si Facebook est le média que vous avez choisi, voyons ensemble comment créer, animer et optimiser votre présence. Cette partie est volontairement très pratique. À la fin de ce chapitre, vous trouverez également des ressources pour aller plus loin.

## Étape 1 : créer votre profil personnel

Si vous ne l'avez pas encore fait, inscrivez-vous à titre personnel sur Facebook et créez votre profil. Utilisez votre prénom et votre nom ainsi que l'adresse e-mail connue de votre réseau. Vous devez en effet permettre à vos contacts de vous trouver facilement sur Facebook en utilisant cette adresse. Si l'usage de votre profil Facebook est limité à un usage strictement personnel, utilisez votre adresse e-mail personnelle. Une fois que vous aurez créé votre profil, vous pourrez alors créer la page de votre entreprise.

## Étape 2 : profil, page, groupe... quelle option choisir ?

Sur Facebook, vous pouvez être présent de trois manières différentes : à travers un profil, une page ou un groupe. Pour établir la présence de votre entreprise, une page Facebook reste la meilleure solution. Pour vous en persuader, passons en revue les avantages et inconvénients de chaque solution.

**« Page » : la solution à retenir pour établir votre présence.**

**Avantages :**

- Les pages ont été créées par Facebook pour permettre aux entreprises de toutes tailles et aux associations d'avoir une présence sur le réseau et d'animer leurs fans (amis de la page). Toutes les fonctionnalités des pages sont conçues dans ce sens.

La page est la solution encouragée par les conditions générales de Facebook pour une entreprise – et ce, même s'il s'agit d'une entreprise individuelle.

Comme pour votre profil, quand vous publiez une information, elle est poussée vers le fil d'actualité des amis de la page.

Même si vous animez la page à partir de votre profil personnel, l'internaute ne voit pas qui est l'animateur. Par ce biais, vous pouvez tout à fait séparer votre présence personnelle et votre présence professionnelle.

**Inconvénients :**

Une page ne peut pas envoyer de message à ses « amis ».

Si vous avez un grand nombre d'amis attachés à votre profil personnel, vous devrez les inviter à rejoindre votre page entreprise Facebook. Le transfert ne se fera pas naturellement et il faudra qu'ils comprennent quel est l'intérêt pour eux de rejoindre cette page.

**« Profil pour l'entreprise » : une solution simple mais limitée dans le temps et qui ne respecte pas les conditions générales de Facebook**

**Avantages :**

Cela peut paraître simple au début. Le profil de votre entreprise ressemble en tout point à un profil personnel.

Les contacts qui ont l'adresse e-mail utilisée pour créer ce profil peuvent facilement le retrouver et devenir ami.

Un profil peut envoyer un message directement à ses amis.

**Inconvénients :**

Un profil peut voir toutes les informations de ses amis et poster sur leur mur. À terme, des membres de Facebook qui ne vous connaissent pas personnellement – qui ne connaissent pas l'individu derrière l'entreprise – réfléchiront à deux fois avant de devenir « ami » avec le profil de votre entreprise parce que cette action donne trop de pouvoir à l'entreprise.

Selon les conditions générales de Facebook, un profil doit obligatoirement correspondre à une personne physique. En toute logique, une entreprise ne peut donc pas posséder de profil. Facebook se donne le droit de supprimer ce profil s'il le juge nécessaire.

«**Groupe**»: **avant tout, un outil d'animation de membres autour d'un centre d'intérêt**

**Avantage:**

L'administrateur du groupe peut envoyer un message à l'ensemble des membres du groupe. Attention, au-delà de 5000 membres, cette fonctionnalité n'est plus disponible. De plus, il n'est pas possible de télécharger l'ensemble des adresses e-mail des membres du groupe.

**Inconvénients:**

Quand l'administrateur du groupe prend la parole, il le fait en son nom propre, avec son profil personnel. En conséquence, les posts émis par l'administrateur ont le même poids et la même visibilité que les autres. D'autres membres du groupe peuvent poster leurs propres informations et messages publicitaires. Votre seul moyen de contrôle est de modérer *a posteriori*.

Vos posts n'apparaissent pas sur le fil d'actualité des membres du groupe, ce qui limite considérablement l'impact de vos communications.

**Comment faire la différence entre profil, page et groupe quand vous naviguez sur Facebook?** Un signe qui ne trompe pas, l'appel à l'action en haut de l'écran qui accompagne cet espace:

- un bouton «j'aime» marque une page;
- un bouton «ajouter» marque un profil;
- un bouton «rejoindre ce groupe» signale un groupe.

## Étape 3 : créer la page de votre entreprise

Rendez-vous sur www.facebook.com/pages/create.php. Lors de la création de votre page, vous avez le choix entre plusieurs options (figure 1) ; ce choix est important car une fois déterminé, vous ne pourrez pas le modifier.

Ces six options sont symbolisées chacune par une icône.

**L'interface d'accueil pour la création d'une page sur Facebook**

Pour votre entreprise ou activité, trois catégories sont pertinentes :

« Lieu ou commerce local » fonctionne dès que vous avez une présence physique sur laquelle vous souhaitez communiquer (magasin, atelier). Vous devrez renseigner votre adresse physique à la création de la page.

« Entreprise, organisme ou institution » couvre toutes les activités qui ne sont pas liées à une adresse physique ou pour lesquelles une adresse physique n'a pas d'importance. Par exemple, les activités de conseil aux entreprises.

« Marque ou produit » comprend les activités de e-commerce (« site Web ») qui par définition ne sont pas géolocalisées.

Le choix entre les deux dernières catégories dépend de l'activité de votre entreprise et de la manière dont vous souhaitez la définir. Pour choisir la meilleure option pour vous, regardez les choix qui vous sont proposés quand vous cliquez sur l'un ou l'autre des icônes.

**Attention.** Même si dans l'esprit, vous souhaitez véritablement créer une communauté autour de votre activité, ne choisissez pas « Cause ou communauté » comme option de type de pages. Les pages communautaires ont pour objectif d'agréger des postes autour d'un thème ou d'une passion. Le créateur de la page n'a pas la main sur ce qui est publié sur cette page et elles sont extrêmement difficiles à animer.

Sur l'écran suivant, Facebook vous invite à choisir une adresse web Facebook unique. Cependant, une fois que vous l'aurez définie, vous ne pourrez la changer qu'une seule fois. Nous vous conseillons donc de ne pas la définir à la création de la page et de la choisir plus tard.

Sur ce même écran, vous pouvez indiquer les URL d'autres espaces créés par vous (votre site Internet, votre blog, votre compte Twitter par exemple). N'hésitez pas à la faire. Sur les médias sociaux, il est réellement intéressant de lier au maximum vos espaces entre eux.

Vous pouvez ensuite « ignorer » les écrans suivants pour aller directement à la page que vous avez créée pour définir la photo de couverture, affiner votre description et mieux paramétrer votre compte dans l'interface de paramétrage.

### Bon à savoir

→ Sur le site Place des réseaux, vous pouvez trouver un didacticiel complet détaillant toutes les étapes de la création d'une page Facebook. Il est mis à jour régulièrement.

→ www.placedesreseaux.com/Dossiers/reseaux-sociaux/guide-facebook.html

### TÉMOIGNAGE

**Emmanuelle Mordacq**, présidente de l'Association des Amis de Saint-Symphorien (parc animalier en Normandie)

« Pour que le parc puisse fonctionner, nous faisons appel à des bénévoles et il se trouve que nous avons parmi ces bénévoles des Anglais qui vivent en Normandie. Très actifs sur Facebook, ils partagent leur expérience du parc. Ce bouche-à-oreille bienveillant nous a vraiment aidé à faire connaître le parc à toute la communauté britannique locale. Un exercice qui aurait pris beaucoup plus de temps sans Facebook. Cette communauté devient ainsi une source de bénévoles et de véritables ambassadeurs du parc. »

## Paramétrer votre page

Les possibilités de paramétrage d'une page Facebook sont multiples et vous pourrez les découvrir petit à petit. Voyons ensemble les paramètres les plus importants à mettre en place au lancement de votre page.

### Une page entreprise sur Facebook

Pour paramétrer votre page, cliquez sur «Paramètres» en haut à gauche.

**Onglet «Général» des paramètres.** Dans cet onglet, vous allez choisir le niveau de liberté que vous donnez aux amis de la page et le niveau de visibilité des actualités. Les internautes ont maintenant l'habitude d'interagir directement avec les entreprises sur leur page, il est donc conseillé de rendre votre page très accessible et interactive.

- Champ «Autorisation de publier»: sélectionnez «Tout le monde peut publier» et «Tout le monde peut ajouter des photos et vidéos». L'engagement des amis de la page avec la page est l'un des facteurs clés de succès: donnez-leur toutes les chances de s'exprimer.
- Champ «Messages»: assurez-vous que les internautes peuvent bien vous envoyer des messages (mails).

Notez que c'est aussi dans cet onglet que vous pouvez supprimer votre page.

**Onglet « Informations sur la page ».** Sur cette page, vous pouvez modifier le nom de la page et ce, sans limitation. Vous pouvez aussi définir l'URL de la page (modifiable une seule fois). Définir l'URL est d'autant plus utile que ce champ est spécifique à chaque page. Deux pages Facebook peuvent avoir le même nom. En revanche, l'URL de la page est un identifiant unique.

Vous allez également préciser une « date de début ». Petite astuce : choisissez plutôt la date de début de votre entreprise, voire de votre projet, plutôt que la date de lancement de votre page. En effet, cela vous permettra de rajouter des publications « jalon » qui reviendront sur les moments clés de votre projet de création d'entreprise et de son lancement.

Vous pouvez également compléter les autres champs (notamment descriptions et site web) sur cette page. Les informations ajoutées viendront enrichir l'onglet « À propos » de votre page.

**Onglet « Rôles de la page ».** Par défaut, lors de la création de la page, votre profil Facebook est l'administrateur de la page. Pour rappel, cette information n'est pas visible des amis de la page. Par précaution, nous vous recommandons d'ajouter un deuxième administrateur à votre page. En effet, si par accident votre profil était supprimé, vous n'auriez plus aucun moyen de gérer votre page. Pour rajouter un administrateur, vous devez être ami sur Facebook avec cette personne ou bien connaître l'adresse e-mail qu'elle utilise pour se connecter à Facebook.

CONSEILS PRATIQUES

› Pour définir votre URL, regardez les URL de pages dont le nom est proche du vôtre ainsi que celles de vos concurrents ou de pages d'entreprises de votre secteur d'activité. Cela vous donnera des idées.

› Vous ne pouvez utiliser que des caractères alphanumériques et le point pour ponctuer votre URL. Celle-ci ne peut pas contenir de lettres accentuées ou de tirets. En revanche, si vous souhaitez utiliser des majuscules pour rythmer votre URL, Facebook les maintiendra.

**Derniers réglages : photo de couverture et photo du profil de la page.** Ces deux photos comptent pour l'image de votre page. Ne les négligez pas.

→ **Photo du profil.** Cette vignette apparaît dans le fil d'actualité des amis de la page lorsque vous publiez une information. Utiliser votre logo ou une variante de votre logo est recommandé à condition que cette image reste lisible et reconnaissable à l'échelle d'une actualité Facebook. Lors de la création de votre identité graphique, demandez à votre graphiste l'adaptation du logo pour Facebook. Cela vous fera gagner du temps.

→ **Photo de couverture.** N'hésitez pas à la changer régulièrement pour qu'elle reflète votre actualité. La photo que vous téléchargez doit faire au moins 399 pixels de large et 150 de haut. Une fois intégrée, la photo de couverture fait 851 pixels de large et 315 pixels de haut. Si vous téléchargez une image dont les dimensions sont inférieures, votre image sera étendue pour s'adapter à ces proportions.

Vous pouvez maintenant commencer à poster !

# Faire vivre votre page : animer, recruter

## Créer des posts efficaces

Peu d'internautes reviennent consulter une page après en être devenus ami. En revanche, à chaque fois qu'en tant qu'animateur de la page, vous publiez une information sur la page, elle est automatiquement poussée sur le fil d'actualité de ses amis, ce qui vous donne la possibilité de rester à leur esprit à chaque fois qu'ils se connectent sur Facebook. Ce mode de fonctionnement est ce qui fait de Facebook un outil aussi attractif pour les marketeurs.

**La situation est cependant à nuancer.** En intensifiant leur usage de Facebook, les membres du réseau augmentent leur nombre d'amis et le nombre de pages qu'ils suivent, courant ainsi le risque de voir leur fil d'actualité engorgé de nouvelles plus ou moins intéressantes. Pour éviter la lassitude, Facebook trie parmi les posts pour en proposer une sélection à chaque ami. En effet, par défaut, vous voyez apparaître les posts « À la une » sur votre fil d'actualité et non pas l'intégralité des posts de vos amis.

### Les publications « À la une »

*Les publications « À la une » apparaissent par défaut. Pour les visualiser par ordre chronologique, il faut cliquer sur « Plus récentes ».*

Pour effectuer cette sélection, Facebook utilise un algorithme appelé le EdgeRank. Cet algorithme s'appuie sur 3 paramètres :

- le **score d'affinité** entre l'ami de la page et la page ;
- le score donné par Facebook au post en **fonction de sa nature** (image, texte, lien…) ;
- la **récence** du post

Évidemment, tout comme Google avec le GoogleRank, Facebook limite les informations concernant le mode de calcul du EdgeRank. Cependant, des tests permettent d'affiner notre compréhension.

**Le score d'affinité.** Des trois paramètres, c'est celui qui est le plus fascinant et le plus compliqué à optimiser. Ce score est en effet calculé pour chaque ami de la page et reflète l'affinité entre la page et l'ami de la page. Plus l'ami de votre page va montrer de l'intérêt pour son contenu – aimer un post, le commenter, se rendre sur la page, visualiser la galerie de photos – plus ce score va être élevé.

Ce paramètre du EdgeRank doit vous inciter à suivre en permanence les réactions des fans aux informations que vous partagez. Si vous publiez des informations qui génèrent peu ou pas de réaction de la part des amis de la page, ne tardez pas à modifier la ligne éditoriale de votre page. Sans action de votre part, vos publications deviendront invisibles des amis de la page.

**La nature du post.** Facebook donne une note différente aux posts en fonction de leur nature. À titre d'exemple, un « statut » simplement composé de texte sera moins bien noté qu'un lien ou une photo. Notre recommandation est de privilégier les posts de partage de photo ou de vidéo. Ils sont en effet mieux notés que les partage de liens, eux-mêmes mieux notés que les posts de texte simple.

Il sera par exemple préférable de transformer une citation en image et de partager cette image, plutôt que de partager la citation sous forme de texte.

**Récence.** Des trois paramètres, c'est le plus facile à comprendre. Plus un post est ancien, moins il aura de chances d'apparaître dans le fil d'actualité des amis de la page. L'enjeu quand vous animez une page est donc d'identifier l'heure de la journée choisie par les amis de votre page pour aller sur Facebook.

## Animation sur Facebook : les fondamentaux

Tous les experts s'accordent à dire qu'une bonne animation repose sur deux piliers : l'intérêt de ce que vous partagez et la régularité de vos prises de parole.

**Périodicité.** Sur Facebook, une bonne périodicité au lancement consiste à poster entre trois et cinq fois par semaine. Privilégiez les jours ouvrés au début, puis vérifiez ensuite si les amis de la page sont connectés à Facebook le week-end.

**Types de posts.** Nous l'avons vu, partager de l'information qui touche les amis de la page, qui les invite à la réaction, est primordial. Parmi les types de posts qui fonctionnent le mieux :

→ **Des coupons, des remises, des offres promotionnelles.** Elles seront encore plus appréciées si elles sont réservées aux amis de la page. Dans la même veine, si vous organisez des événements pour vos meilleurs clients, réfléchissez à des événements spécifiques pour les fans de votre page.

→ **Des nouveautés.** Là encore, pensez à en présenter en avant-première aux amis de la page, un peu à la manière des ventes privées ou des vernissages. Vous pouvez également leur demander de choisir entre deux nouveautés ou deux nouvelles idées que vous avez. Votre audience sera ravie de contribuer.

> Exemple : « Nous sommes en train de réfléchir à la prochaine collection et nous hésitons entre 3 couleurs, laquelle préférez-vous ? »

→ **Des informations intéressantes** ou qui provoquent une réaction quasi émotionnelle : une vidéo, une citation, un article sur un sujet d'actualité accompagné d'une question.

→ **Des questions simples** posées aux amis de la page sous forme de mini-sondages ou de quiz.

→ **Des posts qui servent à mettre en valeur d'autres entrepreneurs** (ils pourront en faire de même sur leur page à un autre moment), ou des amis de la page particulièrement actifs.

→ **Des photos** ou informations qui les font rentrer dans les coulisses de votre entreprise (l'heure du marché pour un restaurateur, les petits objets qui inspirent un créateur...).

Comme vous le voyez les options ne manquent pas.

## AVIS D'EXPERT

**Isabelle Mathieu, blogueuse, consultante et formatrice en e-marketing et médias sociaux – www.isabelle-mathieu.com**

■ **Quel type d'informations publier sur Facebook ?**

« Il est important sur Facebook de ne pas parler que de soi. Quand vous partagez de l'information utile, pensez à partager des informations de sources diverses et ne vous cantonnez pas aux seuls liens venant de votre site ou de votre blog. Une règle non écrite sur les médias sociaux est qu'il faut aussi parler des autres sous peine de lasser son audience. De plus, si j'en crois mon expérience personnelle, l'esprit de partage contribue à projeter une image positive de vous et cette attitude finit par être récompensée d'une manière ou d'une autre. »

**En mal d'inspiration...** Vous pouvez aussi pousser des informations postées par d'autres pages. Pour ce faire, vous devez utiliser Facebook en tant que page et non plus en tant qu'individu.

### Utiliser Facebook en tant que page

*Pour utiliser Facebook en tant que page, il vous suffit de sélectionner cette option à partir de votre profil*

Quand vous naviguez sur Facebook en tant que page, vous ne pouvez pas devenir ami d'individus (= profils). En revanche, vous pouvez tout à fait devenir ami de pages. Ces pages apparaissent alors dans les centres d'intérêts de votre propre page (en bas à gauche de l'écran). Vous pouvez également visualiser leurs dernières publications dans le fil d'actualité de la page (accessible quand vous naviguez en tant que page et que vous cliquez sur le logo Facebook en haut à gauche de l'écran).

Si vous « aimez » un post d'une page dont vous êtes ami ou si vous le commentez, cette activité générera un post sur votre propre page. Donc si vous êtes en mal d'inspiration, partagez des informations postées par d'autres...

**Animation des commentaires.** Pour encourager les commentaires, vous devez nourrir les conversations. En d'autres termes, votre travail d'animation ne va pas s'arrêter une fois que vous aurez posté une information, vous devrez revenir une ou deux fois dans la journée pour rebondir sur des commentaires, les « aimer » et ainsi encourager les échanges et d'autres amis à participer.

À quelle heure poster ? Le consensus à l'heure actuelle est de poster entre 13 h et 16 h. Ces recommandations évolueront avec le temps, l'adoption par beaucoup de pages de la même pratique et les habitudes de connexion des utilisateurs notamment sur mobile. Notre conseil : une fois votre page lancée et les premiers posts partagés, regardez dans votre interface d'analyse des résultats de Facebook les horaires de connexion de vos fans.

## Animation, la règle des 90 : 9 : 1

Nous venons de voir les actions à mener pour animer votre page. Mais pour garder des attentes réalistes, il est important de rappeler la règle des 90 : 9 : 1. Selon cette règle, votre audience se découpe en trois groupes qui se distinguent par leur niveau d'implication et de participation dans votre communauté.

→ **90 % de votre audience ne participera pas aux échanges.** Ils restent passifs parce qu'ils ont un usage sporadique de Facebook et ne voient donc pas vos publications ou bien parce qu'ils ne souhaitent pas réagir (manque d'intérêt, utilisation de Facebook pour observer mais pas participer...). Sur cette population, le calcul du EdgeRank par Facebook va faire progressivement disparaître vos publications de leur fil d'actualité puisqu'ils n'interagiront pas avec la page.

→ **9 % des amis de la page vont réagir occasionnellement.** Sur Facebook, cela se traduit par un «j'aime» épisodique et un commentaire ou un partage rarissime.

→ **1 % de votre audience va être réellement active,** réagir régulièrement et publier sur la page. C'est la raison pour laquelle de grandes marques qui animent des pages sur Facebook laissent aux internautes la possibilité de poster directement sur la page et encouragent ce type de comportement. Mieux vaut quelques commentaires négatifs parmi d'autres qu'une page policée et inactive.

Ces pourcentages ont été initialement calculés sur le modèle de l'engagement effectif des contributeurs de Wikipedia, mais ont été vérifiés sur d'autres communautés participatives. Ils sont applicables à l'ensemble des communautés que vous pouvez manager, quelle que soit la plateforme.

**Deux implications pour vous** :

→ Soyez patient et ne vous désespérez pas si au tout début de l'animation de votre page, n'ayant qu'un nombre limité d'amis, vous enregistrez peu de réactions. Il faut que votre audience atteigne une taille critique pour qu'il y ait de l'animation. Votre action va consister à encourager les interactions, même avec peu d'amis.

→ Les 1 % que l'on appelle également «ambassadeurs» sont les amis les plus précieux de votre page. Soignez-les, adressez-vous directement à eux. Pourquoi ne pas réaliser par exemple de courtes interviews pour les valoriser ?

## Comment recruter les amis de votre page

Une fois que vous aurez créé votre page, décidé de votre ligne éditoriale, posté vos premières publications, l'enjeu pour vous va être de recruter des amis de la page. Pour ce faire, vous allez devoir enclencher une série d'actions.

**Phase 1 : recrutez parmi ceux qui vous connaissent déjà.** Placez un bouton «Rejoignez-nous sur Facebook» sur votre site Internet, utilisez les modules sociaux proposés par Facebook, ajoutez cet appel à l'action en signature de vos e-mails. Envoyez un e-mail d'annonce à vos clients et prospects pour les inviter à vous rejoindre sur Facebook. En bref, assurez-vous que vos clients, les internautes qui fréquentent votre site et votre réseau professionnel savent qu'ils peuvent retrouver votre actualité sur Facebook.

**EN PRATIQUE**

> Pour ajouter un bouton social, rendez-vous sur cette page de l'espace développeur de Facebook : developers.facebook.com/docs/plugins

> Insistez dans votre communication sur les avantages à «aimer» votre page : profiter des bonnes affaires, recevoir des conseils pratiques, se tenir informé...

**AVIS D'EXPERT**

**Isabelle Mathieu, blogueuse, consultante et formatrice en e-marketing et médias sociaux – www.isabelle-mathieu.com**

■ **Est-ce que le profil Facebook de l'entrepreneur peut l'aider à recruter pour sa page ?**

«Il peut être utile de s'appuyer sur son propre profil pour donner plus de résonance à sa page. N'hésitez pas à la faire connaître à ceux de vos amis Facebook qui peuvent être intéressés et pensez à partager certains posts sur votre propre mur pour en augmenter l'impact. Attention cependant, Facebook n'autorise pas à faire de la vente directe sur son profil et interdit toute activité de style pyramidal. Enfin, il est nécessaire de partager sur un créneau horaire différent, ou mieux, un jour différent, une même information sur sa page et sur son profil. Partager au même moment n'apporte rien.»

**Phase 2: animez votre page pour provoquer des réactions.** Quand un ami de la page réagit à l'un de vos posts, ce post apparaît alors dans le fil d'actualité de ses amis, ce qui le rend *de facto* viral.

**Phase 3 : faites des partenariats avec d'autres pages complémentaires.** Pourquoi ne pas contacter des pages complémentaires aux vôtres et leur proposer de vous mettre dans leur liste d'« intérêts » en faisant de même de votre côté ? Cela donnera de la visibilité additionnelle à votre page.

TÉMOIGNAGE

**Sandie Carol Dougnac**, photographe et *wedding planner* – LoverBirds in Paris

« Pour recruter des fans pour la page Facebook LoveBirds in Paris, je fais vraiment feu de tout bois. Sur mon profil personnel Facebook, j'ai mis la page Facebook comme lieu de travail et j'invite régulièrement mes nouveaux amis Facebook (amis sur mon profil) à suivre également la page. Sur Facebook, le principe de répétition prime. »

## Faire de la publicité sur Facebook

Sur Facebook, tout le monde peut acheter de la publicité. Vous pouvez créer facilement une annonce en téléchargeant une image et en renseignant dans l'interface un texte descriptif. Vous choisissez vos critères de ciblage, votre budget, renseignez vos informations carte bleue et le tour est joué… ou presque. L'enjeu des campagnes Facebook est le travail d'optimisation auquel vous allez devoir vous livrer pour qu'elles soient efficaces.

EN PRATIQUE

> Pour simplifier, sur Facebook, vous pouvez lancer des campagnes pour augmenter l'audience d'une publication, recruter de nouveaux amis pour la page ou promouvoir votre site Internet.

Les campagnes publicitaires sur Facebook présentent de multiples avantages. Vous pouvez payer au clic et n'être facturé que lorsque l'internaute clique sur l'annonce. C'est vous qui décidez du montant que vous êtes prêt à payer pour un clic et vous pouvez définir un budget maximum quotidien. Par ailleurs, les paramètres de ciblage d'une publicité sont extrêmement fins. Enfin, vous pouvez tester plusieurs campagnes en parallèle pour intensifier ensuite celle qui fonctionne le mieux.

Étant donné que l'algorithme de Facebook est de plus en plus sélectif et qu'il est donc de plus en plus difficile pour vos publications d'être bien positionnées dans le fil d'actualité des amis de la page, un nombre croissant d'entreprises décident de promouvoir leurs actualités de manière à en faire croître l'audience. Si vous décidez de faire de même, poussez prioritairement les actualités qui, de manière organique, ont obtenu de bons résultats. Inutile de vous acharner sur celles qui ont mal fonctionné.

## AVIS D'EXPERT

**Émeric Ernoult, fondateur d'Affinitiz Agency – Affinitiz.com**

■ **Quel conseil donnez-vous pour optimiser une campagne Facebook dès son lancement ?**

« Mon expérience m'a montré que lorsque l'on crée une publicité sur Facebook et que l'on choisit l'achat au CPC (coût par clic), le coût suggéré par Facebook est élevé au moment de la création et peut baisser rapidement ensuite si la publicité enregistre un bon taux de clics. Il faut donc surveiller très régulièrement sa publicité au cours des 24 premières heures et ajuster son offre en fonction des suggestions de tarifs affichées. »

**Les critères de ciblage de Facebook.** Sur Facebook, vous pouvez cumuler autant de critères que vous le souhaitez. Au fur et à mesure de la mise en place de la campagne dans l'interface, Facebook vous donne la portée approximative de la campagne, soit le nombre de membres qui correspondent à vos critères.

Ciblez d'abord des critères démographiques : âge, situation géographique, sexe, situation amoureuse, formation...

Ciblez selon des critères de proximité par rapport à vous : vous pouvez par exemple cibler uniquement les amis des amis de votre page.

Ciblez un centre d'intérêt en particulier.

---

### Bon à savoir

→ Les critères de ciblage ont leur limite. Tous les membres de Facebook ne renseignent pas le nom de leur société ou leur centre d'intérêt. Par conséquent, quand vous utilisez des critères affinitaires ou démographiques, assurez-vous que le nombre potentiel de membres exposés à votre campagne est suffisant.

---

## Mesurer vos résultats

### Exemple de page de statistiques

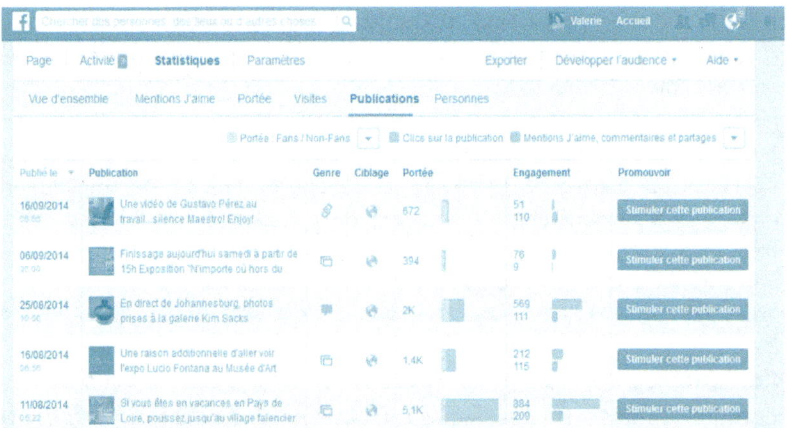


Facebook vous propose un outil statistique vraiment très puissant. Pour y accéder, rendez-vous sur votre page et cliquez sur le lien « Statistiques » dans la barre du haut. Sur cette première page, vous visualisez une synthèse de vos résultats. Il est également possible d'exporter un rapport sous Excel. Les données fournies par

Facebook sont alors plus complètes, détaillées par jour et incluent des données démographiques.

Pour votre page Facebook, il est particulièrement intéressant de connaître le nombre de fois où votre publication a été vue (sa « portée ») et l'engagement généré. L'engagement inclut le nombre de mentions « j'aime » sur la publication, de partage, de commentaires et également de clics sur la publication.

**Quels onglets regarder en priorité ?**

→ Onglet « **Vue d'ensemble** » : pour connaître les performances enregistrées par la page les sept derniers jours (nombre de nouveaux « J'aime », portée des publications, engagement...).

→ Onglet « **Mentions J'aime** » : surveillez le nombre de personnes qui n'aiment plus la page, surtout si vous passez à plus d'une publication par jour. La trop grande fréquence des publications et le faible intérêt des contenus sont les deux raisons pour lesquelles les membres de Facebook arrêtent de suivre une page.

→ Onglet « **Publication** » : découvrez les performances de chacune de vos publications : leur portée, l'engagement qu'elles ont généré. Ce rapport vous permet de comprendre ce qui intéresse les amis de la page. Sur ce même onglet, vous pouvez également connaître les horaires de connexion de vos fans. Une information importante pour mieux choisir vos horaires de publication.

→ Onglet « **Personnes** » : il vous permet de connaître le profil de vos fans (âge, genre, géographie, langue de consultation de Facebook).

## L'essentiel

**Créer votre page Facebook.** C'est la meilleure solution pour établir la présence de votre entreprise sur Facebook.

**Faire vivre votre page : animer, recruter.** Pour créer des posts efficaces, prenez conscience des critères qui comptent pour l'algorithme de Facebook : l'affinité que vous créez avec vos fans, le type de posts que vous publiez et l'heure à laquelle vous postez. Ne négligez pas le recrutement des amis de votre page. Vous allez devoir déployer des actions dédiées en commençant par votre signature de mail, ou un bouton sur votre site Internet.

## Vers un plan d'action

- Quel nom voulez-vous donner à votre page Facebook ? D'autres pages ou membres de Facebook ont-ils un nom proche ? Quelle URL pour votre page ?
- Quelle va être la promesse ou les trois bonnes raisons de venir sur votre page ? Quel intérêt pour votre audience cible ?
- Quels sont les cinq types de posts qui pourraient intéresser votre cible sur Facebook ? Si besoin, écrivez des exemples de publications.
- Identifiez trois pages Facebook avec lesquelles les amis interagissent beaucoup : quelles bonnes pratiques en retirez-vous ? Quels posts fonctionnent bien ?
- Comment et où allez-vous recruter des amis pour votre page ?

# 5

# Bien utiliser Viadeo et LinkedIn

*Les deux choses les plus importantes n'apparaissent pas au bilan de l'entreprise : sa réputation et ses hommes.*
HENRY FORD

## Objectifs

- Apprendre à créer un profil utile pour votre e-réputation.
- Utiliser ces outils pour entretenir votre réseau relationnel professionnel.
- Comprendre comment utiliser les groupes pour rencontrer de nouveaux contacts.

# Présenter votre meilleur profil

■ ■ ■ Sur Viadeo et LinkedIn, votre profil sert de fiche de présentation de votre activité au même titre que votre site Internet. De plus, ces réseaux étant extrêmement bien référencés, votre profil a de fortes chances d'être en première page d'une recherche sur votre nom dans Google. La visibilité de votre profil va donc au-delà des membres de ces réseaux.

Quand vous travaillez votre profil Viadeo et LinkedIn, vous poursuivez deux objectifs :

- d'une part, vous voulez qu'un membre faisant une recherche non nominative sur le réseau trouve votre profil (recherche sur un nom de société, un mot-clé, une expertise) ;
- d'autre part, vous voulez que votre profil donne envie aux personnes qui le découvrent de vous contacter.

## Conseils pratiques pour bien travailler votre profil

Pour amener les membres des réseaux sociaux professionnels sur votre profil :

→ **Mettez votre photo.** Des études menées par LinkedIn montrent qu'un profil avec photo est consulté sept fois plus qu'un profil sans photo.

→ **Émaillez votre profil de mots-clés.** Pensez à inclure dans votre description et votre expérience des mots-clés liés à votre métier, votre expertise, votre secteur d'activité

→ **Créez une expérience par entreprise dans laquelle vous avez travaillé** et n'oubliez pas de lister les établissements scolaires (écoles, universités) que vous avez fréquentés. Cela vous permet d'apparaître dans des recherches par entreprise et de reconnecter avec d'anciens camarades de classe.

## AVIS D'EXPERT

**Olivier Fecherolle, directeur général Stratégie et développement Viadeo**

**■ Comment optimiser son profil pour ressortir dans les premiers résultats sur une recherche Viadeo ?**

« Comme pour Google, les résultats sont gérés par un algorithme complexe dont le mode de fonctionnement est confidentiel. Cependant, deux critères sont particulièrement importants. D'une part, la pertinence du profil par rapport à la recherche faite et dans ce cadre, le travail des mots-clés et la richesse d'un profil sont récompensés. D'autre part, les membres actifs sont mieux placés que les autres. En revanche, les membres premium ne sont pas mieux placés que les autres et modifier quelques mots ou une virgule dans un profil n'est pas un signe fort d'activité. »

**■ Comment se présenter si on mène de front deux activités ?**

« Si vous menez de front deux activités, surtout ne créez pas deux profils sur Viadeo. C'est tentant mais extrêmement confusant pour vos contacts "dans la vraie vie" qui ne sauront pas avec lequel des deux ils doivent être en relation. Mettez en avant votre activité prioritaire, quitte à changer quand vous voudrez pousser l'autre. Assurez-vous simplement que la présence des deux activités reste claire pour vos contacts. »

Pour leur donner envie de vous contacter :

→ **Ne pensez pas à votre profil comme à un CV en ligne**. Regardez-le vraiment comme la page d'accueil de votre activité.

→ **Présentez votre offre dans le 1er encart du profil**. Chaque réseau propose à ses membres de compléter un 1er encart en début de profil (« Ma présentation » sur Viadeo, « Résumé » sur LinkedIn). Une occasion pour vous de présenter clairement votre activité comme vous l'avez peut-être fait sur votre site Internet : quel produit ou service vous offrez, à quel type de clients, quel bénéfice ou quel intérêt pour eux. Ainsi, les personnes qui découvrent votre profil savent immédiatement ce que vous faites.

→ **Utilisez références et expériences antérieures comme éléments de réassurance.** Si l'activité que vous créez est en lien direct avec votre expérience antérieure, il est essentiel pour votre profil de mettre en valeur cette expérience déjà acquise : elle rassurera d'éventuels clients ou prescripteurs. Il en va de même pour les formations que vous avez suivies tout au long de votre carrière.

→ **Soyez facile à contacter.** Incluez dans votre profil des liens utiles : votre blog, compte Twitter, votre site Internet... Vous pouvez même rajouter une adresse e-mail et/ou un numéro de téléphone dans la partie « Ma présentation » ou « Résumé ».

**AVIS D'EXPERT**

**Marine Lucas, marketing manager LinkedIn**

▪ **Quels conseils donner aux entrepreneurs qui souhaitent optimiser leur profil sur LinkedIn ?**

« La partie "Résumé" du profil est extrêmement importante et souvent sous-exploitée. D'une part, orientez cette partie vers votre offre de service, ce que vous pouvez apporter sans vous survendre, ce qui nuirait à la crédibilité de votre présentation.

Ensuite, vous pouvez ajouter une présentation que vous hébergez sur SlideShare ; elle apportera un élément visuel qui attirera l'œil. N'oubliez pas également de renseigner la partie "Compétences" du profil et de demander à vos contacts de les valider. C'est un moyen simple de rappeler vos champs d'expertise.

Enfin, si vous voulez donner une dimension internationale à votre profil, vous pouvez tout à fait le maintenir en anglais et en français. »

## Cinq moyens d'émailler votre profil de mots-clés et de preuves de votre expertise

Pour ceux d'entre vous qui lancent une activité de conseil, de formation ou de management de transition... ou toute activité qui s'appuie sur une expertise précise, votre profil doit jouer le rôle d'aimant à prospect.

→ **Facteur clé de succès : intégrer des mots clés correspondant à vos domaines d'expertise**, y compris dans vos expériences passées.

EXEMPLE : vous avez occupé une direction marketing (rôle large) et dans ce cadre, vous avez managé un changement de nom de marque, domaine autour duquel vous souhaitez développer une activité de conseil. Détaillez ce projet en particulier dans la présentation de votre expérience et occultez les autres projets, ils ne sont pas prioritaires.

→ **Partagez des articles autour de vos domaines d'expertise** – qu'ils aient été écrits par vous ou par d'autres.

→ **Enrichissez les champs « compétences » de vos profils.** Viadeo et LinkedIn vous permettent de lister vos compétences dans un encart spécifique ; vos contacts peuvent ensuite valider ces compétences.

→ **Soyez le plus spécifique possible dans vos compétences**. Par exemple, plutôt que de lister « marketing » comme compétence, il sera préférable de lister plusieurs expertises plus précises telles que « développement de nouveaux produits secteur agro-alimentaire », « insight consommateur »... La concurrence sera moins rude sur des mots-clés plus précis.

→ **Pensez à lier votre profil à du contenu que vous avez produit** : votre compte Twitter, des présentations PowerPoint que vous avez créées, des articles que vous venez d'écrire ou des billets que vous avez publiés sur des blogs collaboratifs... N'hésitez pas à les changer régulièrement.

## Construire votre réseau de contacts directs

■ ■ ■ Assurez-vous que vous êtes connecté à vos contacts professionnels du monde réel sur ces réseaux. L'un des bénéfices de Viadeo et de LinkedIn est de vous permettre de rentrer en contact facilement avec les contacts de vos contacts. Plus vous avez de contacts, plus vous augmentez vos chances de pouvoir le faire.

## AVIS D'EXPERT

**Olivier Fecherolle, directeur général Stratégie et développement Viadeo**

- **Quel est le bon nombre de contacts directs ?**

« En dessous d'une centaine de contacts, votre capacité à contacter un membre en étant mis en relation par l'un de vos contacts est limitée. *A contrario*, ne vous lancez pas dans une course effrénée au contact. Avoir trop de contacts, 3 000 ou plus, peut être contre-productif et interprété comme un signe de réseau de mauvaise qualité. Ma règle personnelle est de rentrer en contact avec des personnes que j'ai déjà rencontrées, dont j'ai la carte de visite, et d'accepter les demandes de contact selon la même règle.

Enfin, au-delà du nombre de contacts directs, un autre point à travailler est la diversité de vos contacts. C'est surtout important quand on lance son entreprise et que les besoins de contacts partent dans différentes directions : clients, prestataires, collègues entrepreneurs... Plus votre réseau est composé de contacts appartenant à des horizons variés, plus il vous sera facile de rentrer en contact à travers eux avec l'ensemble des professionnels dont vous voulez vous entourer. »

### Comment augmenter le nombre de contacts directs ?

Viadeo comme LinkedIn proposent aux membres des suggestions de connexion (voir dans la colonne de droite de la page d'accueil de chaque réseau la rubrique « Les connaissez-vous ? »). Ces suggestions sont un excellent moyen d'augmenter qualitativement votre nombre de contacts directs.

Augmentez vos chances d'apparaître dans les suggestions de contacts potentiels, en vous assurant de deux points :

- utilisez bien pour vous connecter à Viadeo et LinkedIn l'adresse e-mail qui est la plus connue de vos contacts ;
- renseignez dans votre profil l'ensemble de vos expériences professionnelles.

Les réseaux sociaux professionnels sont un excellent moyen pour renouer avec des contacts perdus de vue.

→ Recherchez d'anciens collègues ou camarades avec le moteur de recherche.

→ Adoptez de bons réflexes et demandez à entrer en contact direct avec les personnes que vous venez de rencontrer dans la vraie vie. Vous avez eu un premier échange, ils vous ont donné leur carte de visite... il sera beaucoup plus facile de rester en contact et d'entretenir cette relation si vous êtes en contact direct avec cette personne sur Viadeo ou LinkedIn.

**Facteurs clés de succès :**

→ **Soyez actif :** répondez aux demandes de contact direct, utilisez le réseau dans vos recherches de partenaires, clients, fournisseurs, participez à des groupes, postez des informations utiles...

→ **N'hésitez pas à compléter ce dispositif** par des rencontres physiques ou des appels téléphoniques.

→ **Évitez tous les comportements qui s'assimilent à du spam**, ne demandez pas en contact direct des personnes que vous ne connaissez pas. Vous ne le feriez pas dans la vraie vie.

---

### Bon à savoir

→ LinkedIn vous donne davantage d'informations sur vos contacts niveau 2 (les contacts de vos contacts) que sur vos contacts niveaux 3 (les contacts de vos contacts niveau 2) ou au-delà du niveau 3. La mise à disposition de ces informations nous donne une raison supplémentaire d'augmenter notre nombre de contacts directs – surtout dans les écosystèmes qui nous intéressent. Mais attention, ne prenez pas cela pour une incitation à faire des demandes de connexion tous azimuts. Certains membres n'apprécient pas les demandes de contact direct d'inconnus, surtout si elles ne sont pas motivées.

---

## Être actif sur la plateforme

Une fois votre profil complété et connecté avec des membres appartenant à votre réseau relationnel professionnel, vous pouvez utiliser Viadeo et LinkedIn pour entretenir votre réseau.

**Menez deux types d'actions :**

→ Des actions tournées vers vos contacts directs, avec pour objectif de leur montrer des signes forts d'attention.

→ Des actions visant à promouvoir votre expertise.

**Montrer des signes d'attention à votre réseau.** Connectez-vous régulièrement à votre compte Viadeo ou LinkedIn et observez les informations partagées par votre réseau dans votre fil d'actualité, la page d'accueil de votre compte. À chaque fois que vous aimez un article partagé par un contact ou commentez une de ses actualités, votre contact reçoit une notification. Une bonne manière de lui montrer que vous pensez à lui/elle et de rester dans son esprit.

**TÉMOIGNAGE**

**Marie-Alice Boyé, formatrice et consultante en webmarketing**

« Après deux années passées à l'étranger, il était indispensable pour moi de reconnecter avec mes contacts professionnels pour ré-amorcer rapidement une démarche commerciale. Une des tactiques qui a bien fonctionné pour me rappeler à leur bon souvenir a été d'aller sur les profils de contacts un peu perdus de vue, et de valider une de leurs compétences. Cette action génère une notification qui leur rappelle que j'existe. »

**Promouvoir votre expertise.** Utilisez les fonctionnalités de micro-blogging de ces plateformes en publiant régulièrement des articles intéressants sur votre sujet d'expertise ou bien des informations vous concernant. Comme sur les autres réseaux sociaux, lorsque vous partagez une information dans Viadeo et LinkedIn, elle est automatiquement poussée sur le fil d'actualité (page d'accueil) de vos contacts directs.

**TÉMOIGNAGE**

**Alain Bosetti**, président de Planète micro-entreprises, fondateur du Salon des micro-entreprises

« Je reproduis sur Viadeo et LinkedIn les mêmes actions que celles que j'ai l'habitude de mener pour entretenir mes liens avec mon réseau professionnel : si un de mes contacts change de poste, je lui envoie un message de félicitations, je mets certains de mes contacts en relation quand je me rends compte de centres d'intérêt communs à travers ce qu'ils partagent. Si je vois un article intéressant partagé sur Viadeo ou LinkedIn, je le repartage à mon tour avec un de mes contacts qui pourrait le trouver intéressant. »

# Participer aux groupes

Ces forums permettent aux membres de se retrouver autour d'un point commun : géographie, activité professionnelle, centre d'intérêt, secteur d'activité... sans oublier groupes d'anciens élèves ou collaborateurs d'une société.

## Quel intérêt ?

Ils sont utiles pour trois raisons :

→ Rencontrer d'autres professionnels.

→ Trouver des informations. Poser des questions est largement encouragé par les animateurs. Y répondre aussi.

→ Se positionner comme expert dans un domaine. En répondant à des questions et en partageant des informations vraiment utiles au sein des groupes, vous vous positionnez là encore comme expert de votre sujet.

**TÉMOIGNAGE**

**Laurence Body**, consultante en marketing de l'expérience – www.experience-marketing.fr

« Le marketing de l'expérience est très développé aux États-Unis, donc quand je me pose des questions sur un sujet particulier, je me tourne vers les groupes qui se sont créés sur LinkedIn autour de ce sujet et je pose directement ma question. Les réponses arrivent rapidement et je gagne beaucoup de temps. »

## Comment choisir le bon groupe ?

LinkedIn, à lui seul, déclare héberger plus de 2 millions de groupes sur sa plateforme. Par conséquent, votre challenge est de choisir le ou les groupes les plus pertinents.

Les catégories de groupes les plus utiles pour vous :

→ **Les groupes constitués autour d'un point commun professionnel :** une fonction (ex. : marketing), un secteur d'activité (ex. : grande distribution), une expertise (ex. : eCRM ou Joomla). Ils vous permettent de rencontrer des pairs, des acteurs d'un écosystème.

→ **Ceux qui vous permettent de reconnecter** ou de rencontrer des membres avec lesquels vous partagez une histoire commune : anciens élèves de grandes écoles ou d'universités, anciens collaborateurs d'entreprises dans lesquelles vous avez travaillé.

**Comment choisir ?** Comme toujours, clarifiez d'abord l'objectif que vous cherchez à atteindre. Si vous êtes consultant ou formateur dans un domaine d'expertise particulier ou un secteur d'activité, regardez s'il existe un groupe de professionnels de votre secteur. C'est un bon moyen

**CONSEIL PRATIQUE**

> Sur LinkedIn, vous pouvez envoyer un message à tout membre d'un groupe auquel vous appartenez. Cela peut vous permettre de rentrer en contact avec quelqu'un qui vous intéresse sans recourir à la demande de contact direct.

de rentrer en contact avec des pairs et de continuer à progresser dans votre pratique.

**Comment identifier les groupes ?** Utilisez le moteur de recherche de chaque réseau pour identifier les groupes autour de vos thèmes prioritaires. Vous pouvez également regarder les groupes fréquentés par vos contacts cibles – ils apparaissent sur leur profil. C'est un excellent moyen de les rencontrer là où ils se rendent, même virtuellement.

## Quelles règles suivre pour participer ?

Quand on regarde les échanges dans ces forums, nombreux sont les entrepreneurs qui ne les utilisent pas à bon escient, y vont pour poster un message publicitaire et s'en vont, transformant ces outils utiles en pages de petites annonces stériles. Pour faire la différence, appliquez-vous à apporter de la valeur en répondant aux éventuelles questions que peuvent poser des membres et en partageant des informations réellement utiles.

### AVIS D'EXPERT

**Marine Lucas, marketing manager LinkedIn**

- **Quelles bonnes pratiques pour utiliser efficacement les groupes ?**

« Les groupes offrent aux membres l'opportunité de montrer leur expertise et de développer leur réseau, mais encore faut-il y être actif ! Pour en tirer le meilleur profit, il est préférable de se concentrer sur un petit nombre de groupes (idéalement moins de 5) puis d'y apporter des contributions utiles. Vous pouvez pour cela adopter la règle des 4 : 1 : 1. Sur 6 contributions, 4 doivent appuyer votre expertise en étant consacrées à un partage d'informations non promotionnelles, idéalement informations que vous avez produites ou réponses précises à des questions posées par un autre membre du groupe, une publication peut venir d'une source tierce et enfin ne publiez pas plus d'une publication promotionnelle sur six. »

# Découvrir d'autres fonctionnalités intéressantes

## Moteur de recherche

Viadeo et LinkedIn proposent chacun un puissant moteur de recherche, qui vous permet d'identifier les décideurs dans les entreprises que vous ciblez ou de retrouver des contacts perdus de vue. Utilisez cette fonctionnalité pour gagner du temps dans votre prospection ou votre travail de réseau. Par ailleurs, Viadeo comme LinkedIn vous permettent de trouver des contacts communs avec une cible commerciale. Un avantage considérable sur la vraie vie.

**Pages entreprise sur Viadeo et LinkedIn.** Les deux réseaux vous offrent la possibilité de créer une page pour votre entreprise. Comme sur Facebook, vous pouvez ensuite animer cette page en partageant régulièrement des informations, actualités et articles intéressants. Si vous avez des collaborateurs, ils pourront lier leur profil à la page à travers leur expérience en cours. Attention, cette démarche ne présente un intérêt que si vous avez des collaborateurs. Dans tous les autres cas, il est beaucoup plus utile d'animer votre profil personnel.

## Abonnement premium

Les deux réseaux n'ont pas la même philosophie en matière d'abonnement premium.

**Sur Viadeo,** si vous n'êtes pas abonné premium, vous pourrez faire très peu de choses – il vous sera par exemple impossible de rentrer en contact direct avec d'autres membres.

**Sur LinkedIn,** vous pouvez déjà faire un bon usage de la plateforme tout en restant membre gratuit.

La gratuité ne doit cependant en aucun cas être le critère de choix pour vous. Comme nous l'avons déjà vu, il est important de vous concentrer sur le réseau de prédilection de vos contacts.

## Publier dans LinkedIn

LinkedIn déploie une fonctionnalité permettant de publier directement un article long, un peu à la manière d'un blog. Cet article reste ensuite lié à votre profil LinkedIn et peut être trouvé *via* une recherche sur Internet.

### AVIS D'EXPERT

**Marine Lucas, marketing manager LinkedIn**

■ **Il est maintenant possible pour un membre de LinkedIn de poster une publication longue, comme ce que l'on peut faire sur un blog. Quel intérêt cela présente-t-il ? N'est-il pas préférable pour un entrepreneur de créer son propre blog ?**

« Lorsqu'un internaute publie son billet dans LinkedIn, ce billet est automatiquement lié à son profil, renforçant ainsi son identité numérique. Il est également poussé sur le fil d'actualité de tous ses contacts. En d'autres termes, il bénéficie sur LinkedIn à la fois d'un outil de publication et de promotion de ce qu'il écrit. La dynamique est sensiblement différente avec un blog dans la mesure où la promotion de ses billets reste à la charge du blogueur. »

# L'essentiel...

**Présenter votre meilleur profil.** Il vous permet d'être bien référencé dans le moteur de recherche de chaque réseau et de donner envie de vous contacter.

**Construire et entretenir votre réseau de contacts directs.** Assurez-vous que vous êtes connecté à vos contacts professionnels actuels sur au moins l'un des deux réseaux. Recherchez ensuite des contacts plus anciens perdus de vue, puis soyez actif : regardez régulièrement la page d'accueil, réagissez aux nouvelles publiées, validez les compétences de vos contacts...

**Participer aux groupes et partager des informations.** Les groupes vous permettent de rentrer en contact avec d'autres professionnels qui partagent un de vos centres d'intérêt. Il est également important que vos contacts gardent à l'esprit votre domaine d'expertise et l'activité de votre entreprise.

# Vers un plan d'action

- Analysez votre profil. Quels sont les 3 changements à y apporter ?
- Avez-vous rajouté l'URL de votre site, de votre blog ou de votre compte Twitter ?
- Si vous avez moins de 100 contacts directs, pouvez-vous inviter au moins 5 personnes supplémentaires ?
- Regardez les actualités de vos contacts. Avez-vous réagi à l'une d'elles ?
- En consultant l'annuaire des groupes, quels sont ceux auxquels vous aimeriez participer ?

# 6
# Créer et animer un compte Twitter

*Plus les oiseaux volent haut, plus ils semblent petits à ceux qui ne savent pas voler.*
FRIEDRICH NIETZSCHE

## Objectifs

▸▸▸ Apprendre à créer votre compte et émettre vos premiers tweets.

▸▸▸ Comprendre comment développer votre influence sur Twitter.

# Créer votre compte

Sur Twitter, vous pouvez, sans être inscrit, accéder à n'importe quel compte Twitter, lire les tweets et faire des recherches sur le réseau. En revanche, pour participer aux échanges, il vous faut un compte Twitter.

Pour créer votre compte, rendez-vous sur **www.twitter.com** et complétez le formulaire d'inscription. L'ensemble des données renseignées peut être modifié à tout moment après la création de votre compte.

### Exemple d'un compte Twitter

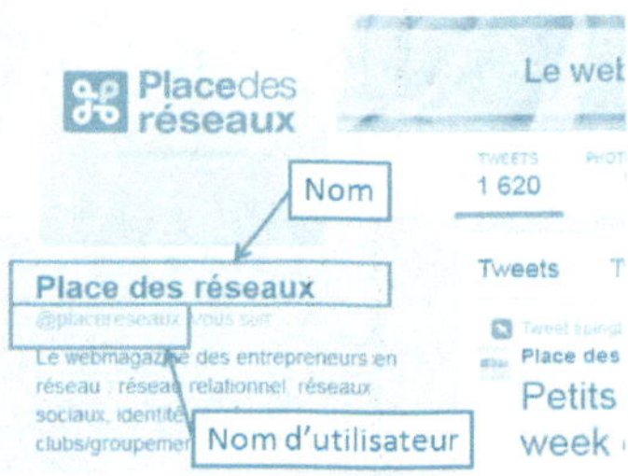


*Quand vous accédez à un compte Twitter, ici le compte @placereseaux, vous voyez en haut de page le nom (Place des réseaux), puis le nom d'utilisateur (@placereseaux) et en dessous la « bio » du compte et l'URL du site lié au compte. Le nom et le « nom d'utilisateur » peuvent être différents.*

**CONSEIL PRATIQUE**

> Si vous utilisez Twitter pour faire reconnaître votre expertise, utilisez votre nom plutôt que celui de votre société. Il sera plus facile à vos interlocuteurs de faire le rapprochement entre le compte Twitter et vous, l'expert qu'ils souhaitent rencontrer.

**Votre nom.** Votre nom peut comporter jusqu'à 20 caractères, espaces compris. Deux comptes Twitter peuvent avoir le même nom, ce qui n'est pas le cas du « nom d'utilisateur ».

**Votre adresse e-mail.** Retrouver quelqu'un sur Twitter en utilisant un nom, comme on peut le faire sur un moteur de recherche, est un peu hasardeux et il est souvent plus simple de rechercher des membres en utilisant leur adresse e-mail. Vous avez donc tout intérêt à utiliser, pour créer votre compte, une adresse e-mail connue de vos contacts. Seule contrainte, une même adresse e-mail ne peut pas être liée à deux comptes Twitter.

**Votre nom d'utilisateur.** Une fois que vous avez renseigné votre nom, votre adresse e-mail et votre mot de passe, vous accédez à un deuxième écran : c'est là que vous allez choisir votre nom d'utilisateur Twitter. C'est ce nom qui sera systématiquement cité en référence et suivra le @. Unique, il ne peut pas dépasser 15 caractères alphanumériques et la seule ponctuation acceptée par Twitter est le tiret bas ou underscore : « _ ». Il sera possible de modifier votre nom d'utilisateur, mais cela revient à modifier l'URL de votre compte. Si ce nom d'utilisateur est connu de vos abonnés, il est préférable de ne pas le modifier. Enfin, réservez le nom d'utilisateur le plus proche de votre nom ou de votre marque. Si un autre twitto créée un compte Twitter en utilisant votre nom, il vous sera impossible de le récupérer.

**CONSEIL PRATIQUE**

> Il vaut mieux avoir un « nom d'utilisateur » court car ce nom peut être utilisé dans des tweets. Plus il est long et moins il y aura de place pour s'exprimer.

## Personnaliser votre compte

Rendez-vous sur votre profil en cliquant sur la photo en haut à droite de l'écran, puis cliquez sur le bouton « Éditer le profil » : vous accédez alors à la version modifiable de votre profil.

**Choisissez une image de profil.** Si le nom de votre compte est votre propre nom, privilégiez une photo de vous. Assurez-vous que vous êtes clairement reconnaissable sur cette photo. En revanche, si vous avez choisi le nom de votre société, téléchargez votre logo pour projeter une image cohérente.

**Trouvez les mots justes pour votre bio.** Vous avez 160 caractères – à peine plus qu'un tweet – pour vous présenter sur Twitter. Les twittos qui s'appuient sur une expertise la décrivent en utilisant des termes précis. Il leur arrive même d'utiliser des hashtags (#) pour donner des pistes de mots-clés référents liés. Pour aller plus loin, essayez d'inclure dans votre bio un bénéfice pour la personne qui va vous suivre.

EXEMPLE DE BIO – @LaurenceBody : « Your daily fix of #cx and #cem news to help you to deliver #wow through senses and emotion & to design memorable experiences. Tweets are my own : enjoy ! »

Traduction : « Votre dose quotidienne de nouvelles sur #cx et #xem pour vous aider à livrer du #wow à travers les sens et l'émotion et à concevoir des expériences mémorables. Tous les tweets sont créés par moi ! » Notez l'usage de hashtags qui font référence pour sa cible de communication.

**Choisissez l'URL vers laquelle vous allez pointer.** Si vous n'avez pas de site Internet ou de blog, vous pouvez tout à fait pointer vers votre profil public Viadeo ou LinkedIn.

**Derniers réglages.** Validez l'e-mail d'ouverture de compte que vous envoie Twitter. Ensuite, dans l'interface de paramétrage de votre compte, assurez-vous que votre compte est bien public. Rendez-vous sur l'onglet « Sécurité et confidentialité » : la case « Protéger mes tweets » doit être décochée. Dans le cas contraire, vos tweets ne seraient visibles que par les personnes à qui vous avez donné l'autorisation de vous suivre, un cercle trop réduit, surtout en phase de lancement ! Vérifiez également que la case « Permettre de me trouver grâce à mon adresse e-mail » est bien cochée.

# Animation, la règle des 70 : 20 : 10

## Choisir votre ligne éditoriale

Dans un contexte professionnel, Twitter est avant tout un excellent outil pour positionner une expertise professionnelle et augmenter l'audience des contenus que nous produisons. Partager du contenu doit donc être au cœur de votre stratégie sur Twitter et pour gagner en efficacité, il faut se centrer sur une thématique en particulier. Dans cette même logique de concentration, l'animation de votre compte Twitter passe par l'application de la règle d'engagement 70 : 20 : 10.

→ **70 %** de vos tweets doivent être centrés sur votre domaine d'expertise ou votre cœur de métier. Ils peuvent s'appuyer sur votre site et votre blog ou sur du contenu produit par d'autres.

→ **20 %** des tweets servent à créer du lien avec le reste de la communauté Twitter. Que ce soit les twittos qui vous suivent déjà ou d'autres que vous avez identifiés.

→ **10 %** des tweets peuvent être purement promotionnels : promotions produits, événements que vous organisez, un communiqué de presse que vous avez envoyé, un partenariat que vous avez signé, un nouveau client… ou bien, en dehors de votre cœur de métier.

## TÉMOIGNAGE

**Laurence Body**, consultante en marketing de l'expérience – www.experience-marketing.fr

« Mon compte Twitter est exclusivement réservé au partage d'informations autour du marketing expérientiel et je ne dévie pas de cette ligne éditoriale. En revanche, je m'attache à partager les informations les plus variées autour de cette thématique. »

Une fois que vous avez défini votre ligne éditoriale, identifiez les mots-clés liés à votre expertise. Ces mots vont vous permettre de rechercher sur Twitter les messages intéressants et ainsi d'identifier les experts et les tweets à partager. D'autre part, vous pourrez intégrer un ou deux mots-clés dans vos tweets de manière à être repéré à votre tour, en les faisant précéder d'un hashtag.

## Décryptons les tweets

**Exemple de tweet :**

> Un panorama simplifié des médias sociaux bit.ly/u2AHIZDKJ via @valmarch #MediasSociaux #ReseauxSociaux

Comme vous le voyez, un tweet peut contenir 5 types d'éléments :

- **du texte** : « Un panorama simplifié des médias sociaux » ;
- **un lien** : bit.ly/u2AHIZDKJ. En général, ce lien est raccourci par une application dite « raccourcisseur d'URL ». L'un des raccourcisseurs les plus connus est bit.ly. Lorsque vous tweetez directement dans Twitter, l'URL que vous incluez dans votre tweet est raccourcie automatiquement ;
- **un hashtag** (ou mot dièse) : #ReseauxSociaux. Mettre un hashtag dans un tweet vous permet de catégoriser ce tweet. Dans notre exemple, c'est un moyen de dire que ce tweet parle de « médias sociaux » et de « réseaux sociaux ». Un hashtag permet aussi

d'augmenter la visibilité de vos tweets. Il sert de raccourci vers les résultats d'une recherche portant sur le mot-clé qui suit le #. Quand vous cliquez sur un hashtag dans un tweet, vous accédez à tous les tweets qui contiennent ce hashtag, du plus récent au plus ancien ;

- **la référence à un autre twitto** : @valmarch. Pour ce faire, il vous suffit de faire suivre @ du nom d'utilisateur du twitto que vous souhaitez mentionner dans votre tweet ;
- **une image**. Beaucoup d'utilisateurs de Twitter accèdent à la plateforme à partir de leur smartphone. Intégrer des photos dans vos tweets vous permet d'augmenter leur impact.

**CONSEILS PRATIQUES**

> Ne laissez pas d'espace entre le hashtag et le mot-clé ou l'expression clé. EXEMPLE : ne pas écrire « # reseaux sociaux » mais « #reseauxsociaux ».

> Limitez-vous à un maximum de 3 hashtags par tweet.

## Trois astuces pour augmenter l'efficacité de vos tweets

→ N'utilisez pas la totalité des 140 caractères quand vous écrivez votre tweet. Si la personne qui vous retweete utilise une plateforme autre que Twitter pour tweeter (Hootsuite par exemple), la mention « RT @votrenom » est rajoutée à votre tweet initial, ce qui vient grignoter les caractères.

→ Mentionnez vos sources. Lorsque vous twittez de l'information trouvée sur un site Internet et que ce site Internet possède un compte Twitter, ajoutez dans votre tweet : *via* @lecomptetwitterdusiteinternet.

→ Soyez en veille sur l'actualité de votre secteur. Twitter aime les scoops. Si vous arrivez à être l'un des premiers à publier une information, vous augmentez vos chances d'être retweeté, et ainsi les chances d'être reconnu comme une source d'informations pointues.

## Les retweets

Retweeter les messages des autres twittos reste un bon moyen de « se faire des relations » sur Twitter. En retweetant, vous indiquez à l'émetteur du message que ce qu'il écrit est intéressant. Cependant, *trop de retweet tue le retweet*. Si le clair de votre activité consiste à retweeter des messages émis par des twittos influents qui sont retweetés par tout le monde, vous ne rendez plus service et ne faites qu'ajouter au bruit ambiant.

**TÉMOIGNAGE**

**Laurence Body**, consultante en marketing de l'expérience – www.experience-marketing.fr

« Mon objectif sur Twitter est de démontrer mon expertise en devenant une source d'informations de référence sur le marketing de l'expérience. J'identifie des sujets intéressants. Quand les articles sont en anglais, je rédige un tweet en français donnant le point clé de l'article et rajoute les tags connus de mon industrie pour permettre à mon tweet d'être trouvé facilement *via* une recherche. »

## Les tweets relationnels

Vous allez également émettre des tweets qui auront pour principal objectif de créer des liens avec la communauté Twitter en valorisant certains twittos.

QUELQUES EXEMPLES DE BONNES PRATIQUES :

- Utiliser le hashtag #FF (FollowFriday) chaque vendredi pour recommander des twittos que vous appréciez.
- Souhaiter la bienvenue à vos nouveaux abonnés de la semaine, par exemple en utilisant le hashtag #Twelcome.
- Remercier ceux qui vous ont retweeté ou mentionné (« Merci pour la mention @nomdutwitto »). Vous pouvez bien évidemment regrouper plusieurs twittos dans le même message.

Sachez également que lorsque vous répondez à un tweet, ce tweet est public. Cependant, s'il commence par la mention de la personne que vous citez, il n'est pas envoyé sur le fil d'actualité de vos abonnés. En revanche, si vous rajoutez un point « . » devant, il sera envoyé à tous et aura donc une plus grande visibilité. En résumé :

- si vous créez un tweet qui commence ainsi : « @valmarch, très bon article sur... » → il est poussé vers mon compte Twitter et reste visible sur votre compte Twitter ;
- si en revanche, vous mettez un point avant la mention « .@valmarch, très bon article sur... » → dans ce cas, le tweet est poussé vers tous vos abonnés.

### TÉMOIGNAGE

**Natacha Heurtault**, consultante en communication et relations presse

« J'utilise également Twitter pour rester en contact avec mon écosystème. Je travaille beaucoup avec des start-ups ou des organisations proches de la French Tech. Dans ce secteur, les entreprises et les décideurs sont très actifs sur Twitter. Je partage régulièrement des informations les plus qualitatives possibles et surtout j'interagis avec eux directement sur Twitter, en re-partageant des informations importantes pour eux, en valorisant les événements qu'ils organisent... »

**Les messages directs.** Il est possible sur Twitter d'envoyer des messages directs (DM). Ces messages ne sont pas publics, seul le destinataire du message peut les lire. L'usage de ces messages est tout à fait recommandé pour poursuivre un échange qui a commencé sur Twitter et qui n'intéresse qu'une personne.

### Bon à savoir

→ Pour éviter le spam de ses membres, Twitter ne rend possible l'envoi d'un DM qu'à une personne qui vous suit déjà.

**AVIS D'EXPERT**

**Émilie Ogez, social media planner, formatrice et conférencière en médias sociaux, community manager**

- **Quelles sont les erreurs à éviter sur Twitter pour les entrepreneurs ?**

« Une première erreur, si l'on veut développer son audience, serait de ne pas twitter, de rester silencieux et de n'utiliser Twitter que pour observer – à moins évidemment de n'y faire que de la veille. *A contrario*, utiliser Twitter uniquement pour faire son auto-promotion ne fonctionne pas non plus. Enfin, n'hésitez pas à humaniser votre présence en parlant un peu de vous. »

## Comment vous organiser pour gagner du temps ?

Étant donné le nombre de tweets émis tous les jours, Twitter peut rapidement devenir chronophage, addictif et perturbant. Or, Twitter n'est pas une fin en soi.

Pour gagner du temps, vous pouvez utiliser un outil de management de votre compte Twitter tel qu'**Hootsuite**, **Tweetdeck** ou **Buffer**. Vous pouvez par exemple, si vous souhaitez animer tous les jours votre compte Twitter, consacrer un jour par semaine à la création de vos tweets que vous répartissez sur la semaine en les programmant à l'avance.

**AVIS D'EXPERT**

**Émilie Ogez, social media planner, formatrice et conférencière en médias sociaux, community manager**

- **Avez-vous un conseil gain de temps sur Twitter ?**

« Utilisez un client Twitter du type Hootsuite ou Tweetdeck pour programmer facilement des tweets. Cependant, la programmation des tweets ne doit surtout pas nous empêcher de réagir et de répondre en temps réel. Cette interaction quotidienne est essentielle à la bonne animation d'un compte Twitter. »

# Comment recruter des abonnés ?

Avant de commencer à recruter, émettez une dizaine de tweets. Ils prouvent la cohérence entre votre bio (le positionnement de votre compte) et vos tweets. Ils vous donnent l'occasion d'échantillonner les informations que vous allez partager sur Twitter.

Ensuite, gardez à l'esprit que sur Twitter, le seul moyen d'inviter quelqu'un à vous suivre est de vous faire remarquer par cette personne. Les tactiques d'engagement que nous avons vues ensemble doivent vous aider à augmenter organiquement le nombre de followers (abonnés à votre compte).

Enfin, recrutez vos premiers twittos parmi les gens qui vous connaissent déjà : votre réseau relationnel, vos clients...

---

### Bon à savoir

→ Quand Twitter a été lancé, la réciprocité était quasiment systématique. Quand vous suiviez quelqu'un, cette personne, par courtoisie, vous suivait à son tour. Ce n'est plus le cas maintenant.

---

**Pour enclencher le recrutement :**

→ Commencez par votre propre carnet d'adresses. Identifiez parmi vos contacts professionnels ceux qui sont présents sur Twitter et commencez à les suivre.

→ Comme pour les autres réseaux sociaux, ne négligez pas vos propres moyens de communication et invitez vos contacts, clients, à vous suivre sur Twitter. Assurez-vous que votre site Internet contient bien un appel à l'action pour vous suivre sur Twitter. Rajoutez le lien vers votre compte sur vos profils Viadeo et LinkedIn. Envoyez un e-mail à votre liste de diffusion pour annoncer le lancement de votre compte et l'intérêt qu'ils peuvent avoir à le suivre.

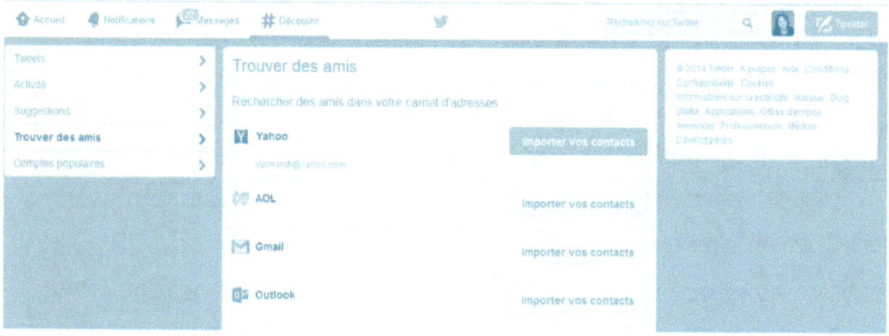


*Cliquez sur l'onglet «#Decouvrir» puis sur «Trouver des amis» pour accéder à cet écran qui vous propose de télécharger votre carnet d'adresses et vous indiquera qui parmi vos contacts est présent sur Twitter.*

## AVIS D'EXPERT

**Émilie Ogez, social media planner, formatrice et conférencière en médias sociaux, community manager**

- **Comment faire pour recruter des abonnés sur Twitter ?**

«Pour moi, la qualité du contenu partagé sur Twitter prime. En parallèle, il est important de faire la promotion de son compte dans tous ses autres espaces sur Internet ou dans la vraie vie (sur sa carte de visite, par exemple). Pour être suivi par d'autres utilisateurs que vous identifiez, commencez à les mentionner dans vos tweets. Quand vous partagez un article par exemple, citez le compte Twitter de son auteur. Utilisez les #FF (FollowFriday) pour citer des tweetos que vous appréciez. Enfin, identifiez les hashtags des sujets qui vous intéressent et entrez en conversation avec les émetteurs de tweets sur ce sujet.»

→ Identifiez les twittos qui partagent des informations dans votre domaine d'expertise. Suivez-les, retweetez-les. Vous pouvez également analyser les listes créées par d'autres twittos experts dans votre secteur.

→ Repérez également les personnes avec lesquelles vous souhaitez être en relation en dehors de ces experts. Twitter est aussi un réseau. Pensez à tous les professionnels qui font partie de votre écosystème. La liste est longue et dépend entièrement de votre secteur d'activité et domaine d'expertise.

## Mesurer votre action

**Pour mesurer les résultats de votre activité sur Twitter :**

→ **Vos statistiques, disponibles sur analytics.twitter.com**. Vous pouvez suivre le nombre d'impressions de l'ensemble de vos tweets sur le dernier mois écoulé. Vous pouvez également consulter, pour chacun de vos tweets, le nombre d'impressions, le nombre d'engagements suscités (clic, retweet, ajout en favori...), et le taux d'engagement.

→ **Votre nombre d'abonnés.** Même s'il est inutile de faire la course aux abonnés, l'augmentation du nombre d'abonnés mois après mois fait partie des paramètres à suivre.

→ **Le ratio abonnés/abonnements.** Dans l'idéal, ce ratio doit être supérieur à 1. Si plus de gens vous suivent que vous n'en suivez, cela veut dire d'une part que les informations que vous partagez sont intéressantes et d'autre part, que les twittos qui vous suivent ne le font pas simplement pour que vous les suiviez à votre tour.

→ **Le nombre de tweets émis à date.** Rectifiez le tir si vous commencez à ne plus twitter aussi régulièrement qu'avant.

→ **Le nombre de tweets vous mentionnant.** Twitter est un média d'influence : votre objectif prioritaire est d'être mentionné et retweeté.

→ **Le trafic généré par Twitter vers votre site ou votre blog.** Une partie de vos tweets va contenir des liens vers votre site : mesurez le trafic généré de cette manière.

# L'essentiel

**Créer votre compte.** Un nom bref et signifiant vous aidera à être reconnu et retweeté. Concentrez votre compte sur un domaine d'expertise, un centre d'intérêt. Utilisez la partie « bio » pour donner envie aux twittos de vous suivre.

**Animation, la règle des 70 : 20 : 10.** Le choix de votre ligne éditoriale définit le contenu de 70 % de vos tweets. Interagissez avec les autres twittos. Ne négligez pas le côté « social » de Twitter.

**Comment recruter des abonnés ?** Partagez régulièrement du contenu de qualité.

**Mesurer votre action.** Mesurez votre influence réelle plutôt que votre nombre d'abonnés. Ce qui compte sur Twitter, c'est d'être retweeté et mentionné par les autres twittos.

# Vers un plan d'action

- Avez-vous créé un compte à votre nom ou au nom de votre entreprise ? Même si vous ne l'activez pas tout de suite, réservez-le.
- Quelle est votre ligne éditoriale et les sujets sur lesquels vous voulez twitter ? Quels sont les hashtags associés ?
- Qui sont les twittos qui twittent sur votre sujet ? Quelles sont vos observations ?
- Est-ce que la majorité des tweets que vous émettez est centrée sur votre domaine d'expertise ?
- Parmi les contacts de votre carnet d'adresses, lesquels sont présents sur Twitter ?

# 7
# Google+

*On mesure l'intelligence d'un individu à la quantité d'incertitudes qu'il est capable de supporter.*
EMMANUEL KANT

## Objectifs

- Comprendre les spécificités de ce réseau.
- Découvrir l'intérêt des Hangout.
- Cerner l'enjeu de Google+ en termes de référencement naturel.

■ ■ ■ Depuis son lancement en 2011, Google a modifié plusieurs fois le positionnement de Google+ et son intégration à l'ensemble de l'écosystème de Google (YouTube, Gmail, Androïd et Google Play notamment).

À son lancement, Google a d'abord affirmé l'ambition d'utiliser Google+ pour contrer Facebook. Google a ensuite rendu l'adhésion à Google+ quasiment obligatoire pour les détenteurs d'un compte Google, tout en repositionnant le réseau comme la couche sociale de Google sur l'ensemble de ses applications. En juin puis en octobre 2014, Google a pris la décision de supprimer certaines de ces mécaniques obligatoires. Ces changements à répétition, ainsi que le fait que Google ait dans le passé complétement abandonné des initiatives qui n'avaient pas été suffisamment populaires, laisse planer une grande incertitude sur l'avenir de Google+.

Il n'en reste pas moins que Google+ enregistre plus de 300 millions d'utilisateurs actifs dans le monde (utilisateurs actifs dans l'application Google+ elle-même). En France, un tiers des internautes français sont inscrits sur Google+. Enfin, certains influenceurs ont pris fait et cause pour le réseau et l'utilisent avec assiduité.

# Mode de fonctionnement

## Profil, page, communauté

Comme sur tous les autres réseaux sociaux, les individus créent un profil, alors que les entreprises créent une page. Pour créer une page, il faut avoir un profil et comme sur Facebook, il est impossible de connaître l'administrateur d'une page et vous pouvez avoir plusieurs administrateurs d'une même page.

Enfin, Google+ offre à ses membres la possibilité de rejoindre des communautés, l'équivalent des groupes sur d'autres réseaux. Il peut être intéressant pour vous de vérifier si des communautés existent dans votre secteur d'activité ou domaine d'expertise. C'est d'ailleurs sans surprise que vous trouverez sur Google+ une communauté dédiée aux mathématiques regroupant près de 150 000 membres ! Il existe aussi des communautés de photographes semi-professionnels ou professionnels particulièrement actives sur le réseau : https://plus.google.com/s/photography/communities.

## La logique des cercles

Sur Google+, que vous naviguiez en tant que profil ou page, vous pouvez suivre quelqu'un comme sur Twitter ; en revanche au lieu de vous abonner à son compte, vous aller le rajouter à un cercle. Comme pour une liste sur Twitter, vous pouvez ensuite décider de ne visualiser que les publications des membres d'un même cercle.

## Publier sur une page ou un profil Google+

Lorsque vous publiez une information sur Google+, vous pouvez choisir les audiences qui pourront la voir.

→ « Public » : tout le monde peut la voir.

→ « À vos cercles » : les membres de vos cercles peuvent voir cette information. S'ils vous ont rajouté à un de leur cercle, ils la verront à coup sûr. S'ils ne vous ont pas rajouté, ils verront une notification quand ils se connecteront à leur compte Google+.

→ « Aux cercles étendus » : les cercles étendus regroupent les membres des cercles créés par les membres que vous avez encerclés. Sur Twitter, cela correspondrait aux abonnements de vos abonnements. Dans ce cas, seuls les membres qui vous ont encerclés verront votre publication. Cette option présente peu d'intérêt.

→ « À un cercle en particulier » : attention, vous ne pouvez pas à la fois publier à un cercle et publier en public. Il vous faut choisir.

→ « À une communauté spécifique » : même logique que pour la publication à un cercle choisi.

**Si vous souhaitez donner l'audience la plus large possible à vos publications, publiez en mode « Public ».**

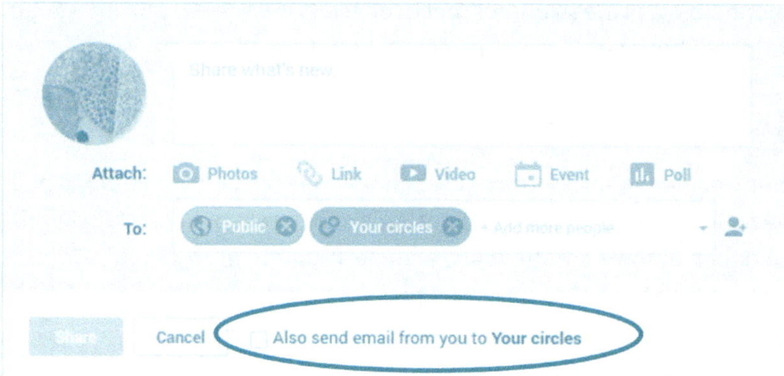


*Lorsque vous publiez à vos cercles, vous pouvez envoyer un e-mail à l'ensemble des contacts de vos cercles. Ne le faites que de manière exceptionnelle et si l'information est particulièrement intéressante. Systématiser cette démarche revient à spammer vos contacts sur Google+.*

## Optimisation pour les moteurs de recherche

Une des raisons pour lesquelles les entreprises se sont ruées sur Google+ à son lancement est précisément l'espoir de pouvoir impacter positivement le référencement naturel de leur site ou de leur blog. Bien évidemment, Google ne communique pas précisément sur l'impact que Google+ a sur le référencement naturel, mais les experts de l'optimisation du référencement naturel s'accordent à dire qu'il est indispensable de développer une véritable présence de l'entreprise sur Google+, de créer une communauté d'abonnés (membres qui vous rajoutent à leurs cercles) et d'engager un lien avec cette audience pour obtenir des résultats.

AVIS D'EXPERT

**Christophe Vieira, animateur du blog Tendances-webmarketing.com**

■ **Quelles tactiques pour travailler Google+ dans une logique de référencement naturel ?**

« Le véritable enjeu dans Google+ est d'être « encerclé » par ses membres. Il n'y a pas de manière mécanique d'y arriver et c'est vraiment par un travail régulier d'animation, en participant aux échanges avec les autres membres dans des communautés ou sur leurs propres publications, en répondant aux questions et en publiant du contenu intéressant que l'on y arrive. La seule présence sur Google+ et le simple partage de lien ne suffisent pas. »

# Focus sur les pages Google+

■ ■ ■ Pour tirer le maximum de votre action sur Google+, il est indispensable de créer une véritable logique de développement et d'animation de communauté. Au moment de la finalisation de cet ouvrage, il règne des incertitudes quant à l'avenir de la plateforme, qui rendent la recommandation d'y aller plus difficile à faire.

Néanmoins, si vous possédez un blog que vous alimentez régulièrement, ou qu'il existe dans votre domaine d'activités des communautés intéressantes sur Google+, il est intéressant pour vous d'y établir une présence active.

**Bonnes pratiques :**

→ **Partagez vos publications en mode « Public »** pour leur offrir l'audience la plus large possible.

→ **Rajoutez des hashtags** à vos publications de manière à ce qu'elles soient trouvées par des membres de Google+ qui n'ont pas « encerclé » votre page.

→ **Citez d'autres membres** dans vos publications, comme vous le faites sur Twitter. Attention : pour pouvoir citer quelqu'un, il faut que vous l'ayez ajouté à l'un de vos cercles. Il vous suffit ensuite d'écrire « + » et le début de son nom pour qu'il vous soit alors proposé par Google+. Lorsque vous citez une personne, celle-ci reçoit une notification. C'est un excellent moyen d'attirer l'attention d'influenceurs, par exemple. Mais ne vous limitez pas à eux.

→ **Partagez des images, photos, visuels.** À l'instar de Facebook, Google+ fait la part belle à l'image. Si vous êtes actif sur Facebook, vous pouvez d'ailleurs utiliser les mêmes publications sur les deux réseaux.

→ **Participez aux communautés en tant que page** pour la faire connaître. Vous pouvez en effet naviguer sur le réseau en tant que page et « aimer », commenter ou partager des publications. Rejoignez également les communautés qui vous intéressent.

## Hangout et Hangout On Air : quel intérêt ?

Google+ offre la possibilité à ses membres d'initier ou de participer à des Hangout. Il existe deux types de Hangout :

→ **Hangout.** Il s'agit en fait d'une visioconférence à laquelle peuvent participer jusqu'à 10 personnes. Ils sont complètement privés. Une personne lance le Hangout et invite les autres participants – prévenus de l'horaire – à rejoindre la visioconférence. Il est possible pendant le Hangout de partager un écran, si par exemple, vous voulez faire une démonstration sur Internet. Les participants doivent chacun posséder un compte Google et une webcam pour pouvoir y participer. Les hangout ont été adoptés par de nombreuses petites entreprises aux États-Unis notamment, car ils offrent gratuitement des fonctionnalités proches de solutions de visioconférences payantes.

→ **Hangout On Air.** C'est la version publique et enregistrée d'un hangout. Imaginez une salle de conférence virtuelle dans laquelle vous organisez une table ronde. Cette table ronde est limitée à 10 participants qui peuvent se trouver aux quatre coins de la planète. Chacun équipé d'un ordinateur et d'une webcam, ils participent aux échanges. Dans la salle, un public sans limite de taille et l'ensemble du Hangout est enregistré automatiquement. Il est ensuite rediffusé sur la chaîne YouTube de l'organisateur. Et tout ceci est offert gratuitement par Google+ ! Les Hangout On Air sont donc un excellent moyen de produire du contenu intéressant avec très peu de moyens, lorsque vous avez des experts dans votre réseau.

| **Hangout** | **Hangout On Air** |
| --- | --- |
| Privé | Public |
| Limité à 10 participants | 10 participants à la table ronde mais un nombre illimité de spectateurs |
| Ne peuvent pas être enregistrés | Peuvent être enregistrés et rediffusés ensuite sur une chaîne YouTube |
| Gratuit | Gratuit |

Si vous voulez voir de bons exemples de Hangout On Air créés dans cet esprit, regardez par exemple ceux développés par la section de Los Angeles de la « Public Relations Society of America ». Autour d'un facilitateur, des journalistes partagent leur expérience et donnent des conseils aux attachés de presse sur la meilleure manière de les aborder. Le Hangout On Air dure une heure et est passionnant car les journalistes sont de qualité et l'animateur sait poser les bonnes questions.

# L'essentiel

**Mode de fonctionnement.** Google+, le dernier né des grands réseaux sociaux, continue à évoluer et il est difficile à l'heure actuelle de prédire l'avenir de ce réseau.

**Optimisation pour les moteurs de recherche.** Google+ peut jouer un rôle dans le référencement naturel de vos contenus, mais il est alors essentiel de développer une véritable audience.

**Focus sur les pages Google+.** Pour gagner du temps, vous pouvez partager le même contenu que sur Facebook.

**Hangout et Hangout On Air.** Les Hangout (privés) sont une bonne alternative aux solutions payantes et les Hangout On Air vous permettent de produire des vidéos à moindre coût.

# Vers un plan d'action

- Existe-t-il sur Google+ des communautés autour de votre secteur d'activité ou champ d'expertise ? Sont-elles actives ?
- Les experts et influenceurs sont-ils présents et actifs sur cette plateforme ? En France, à l'étranger ?
- Avez-vous rajouté sur votre blog ou site Internet un bouton de partage sur Google+ ?
- Quelle pourrait être la ligne éditoriale d'une page Google+ pour votre entreprise ?
- À quelle fréquence pouvez-vous la mettre à jour ? Quel budget temps pour engager du lien avec la communauté ?

# 8

# Créer une présence efficace sur les plateformes de partage de contenus

*Un voyage de mille lieues*
*commence toujours par un premier pas.*
LAO-TSEU

## Objectifs

▸▸▸ Comprendre comment tirer pleinement profit de ces plateformes.

▸▸▸ Acquérir des pratiques utiles pour chaque plateforme.

▸▸▸ Apprendre à optimiser le contenu partagé.

# De l'hébergement à la viralité

L'utilité première des plateformes de partage de contenu est d'héberger votre contenu multimédia et de vous permettre de l'exploiter facilement sur votre site Internet ou votre blog. Vient ensuite l'opportunité pour tous de visionner ce contenu directement sur ces plateformes. Enfin, elles offrent la possibilité à tous ceux qui le souhaitent d'intégrer le contenu produit sur leur propre site ou blog et de le partager sur les médias sociaux. Quand cela se produit, c'est l'effet viral tant attendu. Rien de plus simple, en effet, pour un blogueur que de créer un billet et d'intégrer une vidéo hébergée sur YouTube ou une présentation hébergée sur SlideShare. Encore faut-il qu'il sache qu'elle existe.

Dans ce chapitre, nous allons voir ensemble comment créer vos comptes, découvrir des conseils pratiques pour optimiser le référencement naturel de vos contenus et aborder les facteurs clés de succès propres à chaque plateforme.

Nous nous concentrerons sur les quatre plateformes vues dans le premier chapitre : YouTube (vidéos), Dailymotion (vidéos), SlideShare (présentations PowerPoint), Flickr et Google Photos (photos).

# Créer vos comptes : les facteurs clés de succès

## Choisir le bon nom pour votre compte

Lorsque vous créez un compte et/ou une chaîne sur une plateforme de partage de contenu, vous allez tout d'abord devoir choisir le nom que vous souhaitez lui donner. Pour éviter tout regret, assurez-vous que vous établissez une cohérence entre vos espaces. Le nommage de votre chaîne Youtube devra être proche de celui de votre chaîne SlideShare et de votre compte Twitter, par exemple. Cela permet à vos contacts et clients de mieux vous retrouver sur les plateformes de partage de contenus. Comme toujours en communication, la répétition et la cohérence servent votre notoriété.

**CONSEIL PRATIQUE**

> Si vous souhaitez avant tout faire connaître la dénomination commerciale de votre entreprise, utilisez un nom qui en est proche plutôt que vos prénom et nom.

**Personnalisez votre compte : photo/logo/description.** Comme pour votre profil sur Viadeo ou LinkedIn, n'oubliez pas de rajouter votre photo ou votre logo comme image de votre compte. Cette image vous représentera quand vous prendrez la parole et laisserez des commentaires sur la plateforme.

De plus, sur YouTube par exemple, vous pouvez rajouter un visuel en couverture de votre chaîne. Vous pouvez le changer régulièrement, au grès de votre actualité et de vos priorités de communication. Assurez simplement une cohérence visuelle entre vos espaces en mettant les mêmes images partout.

Enfin, la plupart de ces espaces vous offrent la possibilité de rajouter une description de votre activité. Faites-le et vérifiez la cohérence de cette description entre vos différents espaces.

## Lier vos espaces entre eux

La plupart de ces plateformes vous proposent de rajouter à votre espace des liens vers vos autres espaces. Faites-le de manière à ce que les internautes qui se trouvent sur votre chaîne SlideShare par exemple puisse facilement retrouver votre chaîne Youtube, visiter votre site Internet ou votre profil LinkedIn. Ce maillage entre espaces est également une bonne pratique en termes de référencement naturel.

# Intégrer une logique de référencement naturel

Quand vous créez un espace sur une de ces plateformes de partage de contenus, votre objectif est certes de pouvoir proposer et partager facilement vos contenus sur votre site, mais vous espérez aussi que des internautes les découvrent au gré de leur navigation sur la plateforme ou lors d'une recherche sur Google. Les plateformes de partage de contenus ont toutes intégré leur propre moteur de recherche et servent du contenu à leurs internautes en fonction de leur propre algorithme de recherche.

Pour simplifier, deux critères sont particulièrement importants pour eux :

- **Les mots-clés associés au contenu.** Ils vont permettre au moteur de recherche de définir la pertinence de votre contenu par rapport à la recherche d'un internaute.
- **La popularité de votre contenu.** Est-il vu, est-il commenté ? Pour travailler ce point, vous aurez tout intérêt, d'une part à utiliser vous-même ce contenu et à le promouvoir, et d'autre part, à participer à la vie de la plateforme pour attirer l'attention d'autres membres et les ramener vers votre contenu.

Voyons plus en détail comment optimiser votre référencement naturel.

## Travailler les mots-clés associés

**Comment améliorer la pertinence de vos contenus ?** À la création de votre compte, vous pouvez associer des tags ou mots-clés à votre profil ou votre chaîne ainsi qu'une description. Par ailleurs, lorsque vous téléchargez de nouveaux contenus, là aussi, vous allez pouvoir y associer des mots-clés, une description, un titre. Ce sont autant d'occasions pour vous de signaler la pertinence de votre contenu multimédia sur une thématique particulière.

Choisissez des mots-clés directement liés à votre activité et aux contenus que vous allez télécharger, tout en gardant à l'esprit qu'il vaut mieux utiliser des expressions fréquemment recherchées par les internautes. Sélectionnez les mots-clés qui vous paraissent les plus efficaces.

Comme pour le référencement naturel d'une page Internet, travaillez les titres de vos contenus : les moteurs de recherche des plateformes leur accordent plus d'importance qu'au reste du texte.

**CONSEIL PRATIQUE**

> Google met à votre disposition un outil qui permet de visualiser le nombre de recherches sur un mot-clé et de le comparer à d'autres mots-clés suggérés par le moteur. Un excellent moyen de vous assurer que vous n'êtes pas en train d'optimiser un mot-clé qui n'est pas recherché. Vous le trouvez à cette adresse : adwords.google.com/KeywordPlanner

**AVIS D'EXPERT**

**Edward Grospiron, responsable du pôle Média digital, agence de référencement Cybercité**

- **Quel conseil donnez-vous pour optimiser le référencement de vos vidéos ?**

« Pour une vidéo, ce qui compte le plus en termes de référencement sont le titre, les tags que vous lui associez et sa popularité. En effet, plus une vidéo est vue et meilleur est son référencement. Enfin, lorsque vous concevez le texte qui accompagne la vidéo, vous allez devoir jongler entre la nécessité d'y inclure des mots-clés prioritaires pour vous et la volonté de donner un titre intelligible et attractif. C'est tout un art ! »

## Augmenter la popularité de vos contenus

Augmentez le nombre de vues de vos vidéos ou de vos présentations PowerPoint :

→ **Utilisez vous-même ce contenu sur votre site ou votre blog.** Si vous venez de mettre en ligne une présentation PowerPoint sur

SlideShare, mettez en ligne cette présentation sur votre site Internet, par exemple. Il existe un certain panurgisme sur Internet : plus un contenu est vu, plus les internautes ont envie de le voir. À vous d'enclencher la dynamique.

→ **Mettez en avant ce contenu** sur les espaces que vous avez créé sur les réseaux sociaux, qu'il s'agisse d'une page Facebook ou de votre profil Viadeo. Échantillonnez votre contenu.

→ **Invitez sur votre site** à la découverte de votre chaîne YouTube, votre album sur Flickr...

→ **Participez à la vie des plateformes.** Commentez ou « aimez » le contenu partagé par d'autres, abonnez-vous à leur contenu, rajoutez-le à vos favoris. Comme pour les réseaux sociaux, une dynamique vertueuse se met en place dès lors que vous participez sur ces médias et que vous renvoyez la balle à d'autres utilisateurs actifs.

## S'assurer que vous restez associé à votre contenu

Le contenu que vous allez mettre en ligne sur ces plateformes de partage va, par définition, être repris par d'autres internautes et sortir du contexte de votre chaîne YouTube par exemple. Assurez-vous que votre marque, et si possible vos coordonnées, sont bien présentes sur le contenu produit. Un internaute découvrant vos produits ou services à travers un contenu multimédia présenté sur un site tiers doit pouvoir vous retrouver facilement s'il est intéressé.

**Intégrer ses coordonnées à une présentation PowerPoint sur SlideShare**

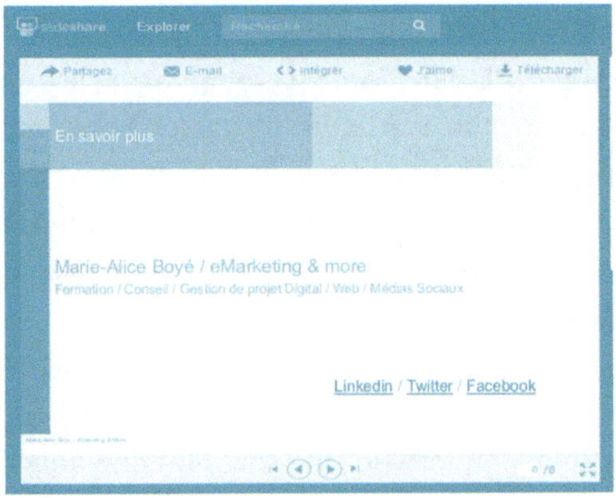


*Quand Marie-Alice Boyé met en ligne une présentation sur le modèle SPEED / RAFFUT qu'elle a développé, elle rajoute une dernière slide sur lequel elle met des liens vers ses espaces sur les médias sociaux.*

# Conseils pratiques par plateforme

## Youtube – Dailymotion

YouTube comme Dailymotion vous offrent la possibilité de créer votre propre chaîne de vidéos, un moyen simple et gratuit de développer votre webTV.

Quand vous créez votre vidéo :

→ **Limitez la durée de vos vidéos.** Historiquement, YouTube limitait les vidéos à 10 minutes, mais la vraie limite vient de l'internaute. Il est de plus en plus difficile de lui faire regarder une vidéo de plus de 2 minutes. La concision, accompagnée d'un ton incisif, paye.

→ **Assurez-vous que l'internaute peut clairement identifier la source de la vidéo** et vous retrouver pour en savoir plus ou entrer en contact avec vous. N'hésitez pas à mettre le nom de votre société, votre logo, l'adresse de votre site Internet dans les écrans de début et de fin des vidéos.

Quand vous téléchargez votre vidéo :

→ **Rajoutez une URL dans la description associée à la vidéo** (votre site Internet, votre blog, l'URL de votre page Facebook...).

→ **Choisissez un titre clair, contenant des mots-clés** que vous placez le plus à gauche possible (le moteur de recherche aussi lit de gauche à droite). Limitez-vous à une soixantaine de caractères.

→ **Présentez la vidéo dans un texte court** qui donne envie de la visionner. Ce texte doit lui aussi contenir quelques mots-clés. Vous pouvez également rajouter un appel à l'action dans la description. À titre d'exemple, un plombier qui met en ligne une vidéo montrant comment purger son radiateur sur YouTube a tout intérêt à rajouter ses coordonnées dans la description de la vidéo.

→ **Ajoutez des tags à la vidéo** pour renforcer sa pertinence sur vos mots-clés prioritaires.

Quand vous paramétrez votre chaîne :

→ **Vous pouvez créer des playlists** qui vous permettent de regrouper les vidéos autour d'un même thème si vous en avez beaucoup.

→ **Vous pouvez ajouter des liens vers vos autres espaces sur Internet :** votre site, votre blog, votre page Facebook, votre compte Twitter... n'hésitez pas à le faire ! Il est important de mailler tous vos espaces.

Sur votre site ou votre blog :

→ **Choisissez entre YouTube et Dailymotion** et utilisez systématiquement le code de partage de vos vidéos pour les intégrer sur votre propre site ou blog. Vous devez œuvrer activement pour que vos vidéos soient vues le plus possible.

→ **Faites des liens de votre site vers votre chaîne** pour mettre en valeur des vidéos précises ou certaines de vos playlists. Le nombre et la qualité des liens entrants ont une importance pour YouTube.

**AVIS D'EXPERT**

**Damien Anfroy, fondateur de Dawa, agence de webmarketing et de référencement naturel**

■ **Pouvez-vous partager une bonne pratique en termes de référencement naturel et qui concerne le contenu hébergé sur les plateformes de partage de contenus ?**

« Si vous produisez des vidéos et que vous les hébergez sur YouTube, n'hésitez pas à créer une page sur votre site Internet ou sur votre blog, intégrant la vidéo et un texte résumant le contenu de la vidéo. En termes de référencement naturel, c'est un contenu extrêmement riche. »

## SlideShare

SlideShare se révèle particulièrement utile pour tous ceux d'entre vous qui souhaitent se positionner en tant qu'expert sur un sujet.

Quand vous créez vos présentations :

→ **Développez du contenu de qualité.** Apportez une analyse différente d'un sujet ou faites une synthèse intelligente et pédagogue.

→ **Choisissez des sujets complémentaires et ciblés.** Créez des présentations courtes et nombreuses pour pouvoir en diffuser régulièrement.

EXEMPLE : si vous êtes expert de la marque (communication), plutôt que de faire une présentation exhaustive sur l'importance de la marque pour une entreprise, choisissez plutôt de décrypter 5 cas d'entreprises. Vous pourrez plus tard aisément rajouter d'autres présentations. Autre idée : au lieu de parler de la marque pour toutes les entreprises, décidez de décrypter les tendances dans une industrie en particulier.

→ **Soignez la première slide de votre présentation.** Elle va être vue par tous et c'est sur cette base et à la lecture de son titre que l'internaute choisit de visionner la présentation entière, ou pas.

→ **N'oubliez pas de mettre dans votre présentation votre nom,** le nom de votre société ou l'URL de votre site Internet en bas de chaque slide et en fin de présentation, toutes les informations pour vous contacter, voire un appel à l'action. Votre présentation doit être un outil de vente.

→ **Privilégiez le format PDF au format PowerPoint** s'il est possible de télécharger votre présentation. Cela rend le plagiat un peu plus compliqué et évite les problèmes de compatibilité.

Une présentation sur SlideShare

*Quand Marie-Alice Boyé a publié sa présentation sur SlideShare, elle l'a également publiée sur son profil LinkedIn pour en augmenter la diffusion et pouvoir s'appuyer sur cette présentation comme preuve additionnelle de son expertise.*

Pour augmenter la visibilité de vos présentations lorsque vous les mettez en ligne sur votre chaîne :

→ **Utilisez les mots-clés** dans le titre, les tags et la description.

→ **Vous pouvez l'intégrer à votre profil LinkedIn.** Vous rajoutez du visuel à votre profil et le rendez plus appétissant.

→ **Diffusez-la largement sur vos profils réseaux sociaux :** Viadeo, LinkedIn, Twitter, Google+ et pourquoi pas Facebook si vous en avez un usage mixte (pro/perso) ou si certains de vos contacts en font un usage mixte et sont des influenceurs.

→ **N'hésitez pas, enfin, à la diffuser auprès de vos contacts** par tous les moyens digitaux à votre disposition : un billet sur votre blog ou site Internet, un lien en signature de mail, un e-mail dédié à vos clients...

## Flickr

Flickr se targue de regrouper la plus grande communauté de photographes dans le monde et il est vrai que cette plateforme est très utilisée par les photographes amateurs, semi-professionnels ou professionnels qui y trouvent un moyen de faire connaître leurs photos et de retrouver des pairs. La plateforme peut également être utile aux professionnels qui fabriquent des produits (artisans d'art, par exemple) ou aux *hobbyists* qui souhaitent vendre leurs créations. Enfin, Flickr, conçu avant tout pour un usage grand public, vous permet également de partager facilement des photos que vous prenez (jusqu'à 1 To, soit 1 000 Go d'espace de stockage !)

EXEMPLE : Si vous fabriquez des bijoux, stockez les photos de vos créations sur Flickr en rajoutant bien dans la description le lien vers votre boutique en ligne. Organisez un événement et mettez ensuite à disposition des journalistes et blogueurs cet album Flickr. Cela vous permet de partager les photos facilement – c'est particulièrement utile si votre site Internet est difficile à mettre à jour.

**Quelques conseils :**

→ Soignez le titre, la description et les tags que vous associez à chaque photo. Utilisez vos mots-clés prioritaires pour les définir et n'hésitez pas à utiliser des mots anglais, l'audience de Flickr est internationale.

→ Si vous commercialisez des produits, liez votre galerie Flickr avec votre site Internet ou votre boutique en ligne, pour qu'un produit ou une création puisse être trouvé facilement.

→ Explorez les communautés pour voir si certaines thématiques pourraient vous intéresser, et participez à la vie de la plateforme. Cela vous permet d'augmenter la visibilité de vos photos.

## L'essentiel

**Créer vos comptes : les facteurs clés de succès.** Choisissez le même nom pour toutes les plateformes et liez vos espaces entre eux pour créer un maillage.

**Intégrer une logique de référencement naturel.** Utilisez des mots-clés français et anglais pour nommer vos contenus, surtout s'ils sont visuels. Faites des liens entre vos contenus et vos sites.

**Conseils pratiques par plateforme.** Pour vos vidéos, choisissez YouTube ou Dailymotion et évitez de vous éparpiller.
Sur SlideShare, privilégiez une série de présentations complémentaires à une présentation exhaustive. Pour vos photos, utilisez Flickr et participez à ses groupes thématiques.

## Vers un plan d'action

- Quel type de contenus vous paraît le plus adapté à votre activité ?
- Entre vidéos, photos et présentations PowerPoint, que préférez-vous produire ?
- Une fois que vous savez quel type de contenus vous voulez produire, identifiez dans la plateforme de référence, des entreprises de votre secteur qui les utilisent. Comment les utilisent-elles ? Quels thèmes sont traités ? Comment lient-elles le contenu produit et leurs autres espaces sur Internet ?
- Quels sont les cinq mots-clés sur lesquels vous souhaitez vous positionner ?

# 9

# Pinterest, Instagram, Tumblr

*Une image vaut mille mots.*
CONFUCIUS

## Objectifs

- Analyser les mécanismes et les usages des médias sociaux centrés sur l'image.
- Comprendre l'intérêt qu'ils peuvent présenter pour vous.
- Décrypter les facteurs clés de succès.

# Pinterest, Instagram, Tumblr : quels points communs ? quelles spécificités ?

Même si ces médias plus récents sont loin d'enregistrer en France les chiffres de fréquentation de Facebook, ils sont devenus particulièrement populaires auprès d'une audience plus jeune et présentent chacun des spécificités. Ils ont prouvé leur utilisé dans des stratégies média en complément des médias plus installés.

En résumé :

→ **Instagram** permet de créer et partager des photos prises à partir d'un téléphone portable. Il s'adresse avant tout aux internautes qui aiment créer du contenu visuel.

→ **Pinterest** est l'outil de curation visuelle par excellence. Ses membres peuvent collectionner des photos présentes sur des sites Internet dans des « tableaux » – équivalent virtuel des tableaux en liège sur lesquels on épinglait des images.

→ **Tumblr** est avant tout une plateforme de création de blogs centrés sur l'image.

### Intérêt de chaque outil pour une jeune entreprise

| | **Pinterest** | **Instagram** | **Tumblr** |
|---|---|---|---|
| Créer une présence sur Internet | — | — | X |
| Créer du contenu | — | X | — |
| Faire créer du contenu par les utilisateurs du média | — | X | — |
| Se faire connaître | X | X | X |
| Travailler son image | X | X | X |
| Générer du trafic vers son site | X | — | — |
| Vendre | X | — | — |

# Pinterest

■ ■ ■ Sur Pinterest, une large proportion des images sont issues de sites Internet et cette plateforme laisse la part belle à la curation (sélection et partage de contenus choisi par vous et produit par d'autres). Un rapport gagnant-gagnant puisqu'en deux clics à partir de Pinterest, les internautes accèdent au site sur lequel l'image est hébergée.

Même si cette plateforme reste secondaire en France (moins d'un million de membres en France en 2014), elle présente un intérêt certain pour tous ceux d'entre vous qui fabriquent ou commercialisent des produits correspondant aux principaux centres d'intérêt de ses membres : mode, décoration intérieure, cuisine, loisirs créatifs. Elle a d'ailleurs beaucoup fait parler d'elle en 2012 à la sortie d'une étude montrant que les visiteurs d'un site de e-commerce venant de Pinterest avaient une plus grande propension à acheter que ceux venus de Facebook.

**Mode de fonctionnement de Pinterest :**

→ Comme sur Facebook, vous pouvez créer un compte ou une page entreprise. Pour votre entreprise, il est préférable de créer une page : cela vous permet entre autres d'avoir accès à un outil statistique qui n'est pas disponible pour les profils simples.

→ Les membres de Pinterest peuvent ensuite décider de s'abonner à votre page ou bien à certains de vos tableaux. Lorsque vous épinglez une nouvelle photo, elle est « envoyée » automatiquement sur la page d'accueil de vos abonnés et va nourrir leur fil d'actualités.

→ Vous pouvez soit télécharger directement vos photos sur la plateforme, soit épingler des photos hébergées sur une page Internet (y compris une de vos pages). 80 % des photos qui apparaissent sur Pinterest sont épinglées à partir de sites Internet.

**Quelques conseils pour créer et animer votre page :**

→ **Le nombre de tableaux n'est pas limité.** N'hésitez donc pas à en créer beaucoup. Vous pourrez par la suite en rajouter ou en supprimer et les réorganiser en fonction de vos changements de priorités. Pour leur donner plus d'impact, choisissez pour chaque tableau une photo de couverture qui arrête l'œil – c'est d'autant plus important qu'au sein d'un tableau, vous ne pouvez pas organiser les photos, elles apparaissent par ordre anté-chronologique d'épinglage.

→ **Publiez des photos de manière régulière** – idéalement tous les jours, mais évitez d'en publier trop d'un coup. Vous risqueriez d'agacer vos abonnés qui verraient apparaître dans leur fil d'actualités beaucoup de photos d'une même source. Une approche homéopathique s'impose sur Pinterest.

CONSEIL PRATIQUE

> Un tableau peut être partagé. En d'autres termes, vous pouvez nommer d'autres contributeurs qui vont vous aider à nourrir votre page Pinterest. Choisissez-les en fonction de leurs centres d'intérêt.

**Facteurs clés de succès sur Pinterest :**

→ Adoptez une ligne éditoriale très large. Ne limitez pas les photos que vous partagez à vos seuls produits.

→ Hébergez les photos de vos produits d'abord sur votre site Internet ou votre blog et partagez-les ensuite sur votre page Pinterest. La plateforme pourra ainsi devenir une source de trafic entrant sur site ou blog.

→ Intégrez un bouton de partage vers Pinterest sur votre blog ou votre site Internet. Un bon moyen d'encourager les visiteurs à partager vos photos et donc à leur donner une audience plus large.

→ Faites attention à la qualité des photos que vous publiez. Une photo attractive est plus facilement ré-épinglée.

→ Rajoutez systématiquement une description à toutes les photos que vous partagez en adoptant une logique de mots-clés. Vous augmentez ainsi les chances que vos photos soient trouvées par de nouveaux membres.

TÉMOIGNAGE

**Éric Hibelot, céramiste, cofondateur de l'Atelier des garçons**

« J'ai maintenant plus de 10 000 abonnés à mes tableaux sur Pinterest... 10 fois plus que sur la page Facebook de l'Atelier. J'ai pu arriver à de tels résultats en adoptant pour mon compte Pinterest une ligne éditoriale très large. Je partage des photos de tatouages, tissus wax africains ou de typographies originales. Toutes ces photos servent mon image sur Pinterest. Elles sont le reflet de mon univers créatif et me donnent l'occasion par la diversité des thèmes d'épingler fréquemment. Un facteur clé de succès sur Pinterest. »

Pour en savoir plus : *https://business.pinterest.com/fr*

# Instagram

Instagram a été créé initialement pour permettre aux mobinautes d'améliorer le rendu de photos prises avec leur smartphone et de les partager avec leurs amis et contacts. Sans être membre d'Instagram, vous avez déjà vu ces photos au style très reconnaissable, carrées et retravaillées avec des filtres.

**Quels usages d'Instagram** ?

→ Pour une petite entreprise, Instagram peut tout simplement être un moyen de créer des photos pour un usage sur d'autres espaces (site, blog, page Facebook...). Des études ont montré que les photos de style Instagram attiraient davantage œil et clic qu'une photo classique (attention : il s'agit de données directionnelles, une belle photo classique fonctionne évidemment mieux qu'une mauvaise photo retravaillée sur Instagram).

→ 90 % des membres d'Instagram ont moins de 35 ans. Si votre cible de communication est plus jeune et si vous constatez que vos clients sont présents sur Instagram, la présence de votre entreprise sur Instagram peut vous aider à travailler votre image et développer votre notoriété.

→ Vous souhaitez vous rapprocher d'influenceurs. Là encore, si vous remarquez des influenceurs de votre secteur actifs sur cette plateforme, elle peut devenir pour vous un moyen de les aborder.

→ Vous pouvez profiter de contenus générés par les utilisateurs. De plus en plus d'entreprises organisent des concours sur Instagram pour faire créer des photos par les utilisateurs - photos qu'elles pourront, avec l'accord de l'utilisateur et en le valorisant, réutiliser sur leur site par exemple et dans le compte Instagram de l'entreprise.

**Mode de fonctionnement.** Comme pour Twitter, sur Instagram, vous pouvez suivre d'autres utilisateurs, faire des recherches en utilisant des hashtags, « aimer » des photos et les commenter. Les photos que vous partagez sur Instagram peuvent avoir été prises directement avec l'application ou bien importées dans l'application à partir de la galerie de photos de votre smartphone. Dans les deux cas, vous pouvez les optimiser en utilisant les fonctionnalités de l'application Instagram de votre smartphone.

**Conseils pour créer et animer votre compte :**

→ Créez des photos intéressantes et rajoutez une description. Sur Instagram, chaque image doit raconter une histoire et « faire le trou » visuellement pour attirer l'œil. Si vous êtes créateur d'accessoires, prenez en photo le quartier ou les objets qui vous inspirent en les scénarisant.

→ Utilisez des hashtags dans vos publications. N'hésitez pas également à créer un hashtag pour votre entreprise, que vous pourrez utiliser régulièrement dans vos propres publications.

→ Ne postez pas plus de 3 photos par jour, vous risquez d'ennuyer vos abonnés.

→ Regardez si des utilisateurs d'Instagram font des photos de vos créations, produits ou lieux de vente. Cela arrive fréquemment aux restaurateurs, par exemple. Vous pourrez ensuite repartager ces photos dans votre propre compte Instagram en créditant l'utilisateur à la source de la photo. Un bon moyen de le valoriser.

**CONSEIL PRATIQUE**

› Si vous êtes plus à l'aise sur ordinateur que sur smartphone, l'application Iconosquare est une bonne ressource pour animer votre compte. Vous ne pourrez pas mettre en ligne de photos mais vous pourrez découvrir des photos, réagir et suivre de nouveaux comptes.

**Facteurs clés de succès.** Au-delà du simple intérêt des photos que vous partagez, attachez-vous à leur donner une patte cohérente : thème des contenus partagés, filtre utilisé... Idéalement, l'objectif est que vos followers en reconnaissent l'origine simplement en les voyant.

Ensuite, l'enjeu pour vous va être de développer votre audience. Comme pour tous les autres médias, il s'agit de participer à la vie d'Instagram en suivant d'autres comptes et en réagissant à leurs photos. N'oubliez pas également de partager vos photos sur vos autres espaces médias sociaux et sur votre site ou blog.

## Tumblr

De ces trois outils, Tumblr est le moins utilisé par les entreprises. C'est pourtant un moyen simple de créer un blog si votre activité s'appuie fortement sur des éléments visuels (métiers créatifs). Photos et gif animés y ont la part belle. Au-delà de cet usage, Tumblr peut être utilisé pour atteindre et établir des relations avec une cible plus jeune, friande d'images intéressantes à repartager sur leur propre blog Tumblr. En France, on compte 4,7 millions d'utilisateurs actifs.

**Mode de fonctionnement**. L'intérêt de la plateforme est l'intégration en natif d'une logique sociale. Comme sur Pinterest et Instagram, vous pouvez suivre d'autres blogs et voir apparaître sur la page d'accueil de Tumblr leurs dernières publications. En revanche, Tumblr n'a pas activé la fonctionnalité « hashtag » : il n'est pas possible de voir une liste de posts contenant un hashtag en cliquant dessus. Les utilisateurs de Tumblr devront rajouter des tags à leurs publications pour augmenter leurs chances d'être trouvés.

**Créer et animer son blog**. Vous avez deux manières d'animer votre blog Tumblr :

- si vous en faites un usage standard et décidez d'utiliser Tumblr pour créer facilement un blog très visuel, pas de contrainte en termes de fréquence de publication ou d'accumulation d'audience : publiez quand vous avez des choses à partager ;
- si vous souhaitez utiliser pleinement le potentiel de Tumblr, engager son audience et bénéficier de sa viralité, vous devrez alors rentrer dans une véritable logique d'animation d'audience. Le paragraphe suivant vous donne des clés pour enclencher cette dynamique.

**Facteurs clés de succès :**

→ Sur Tumblr aussi, l'intérêt du contenu partagé prime. En revanche, un contenu intéressant peut revêtir des formes très différentes sur cette plateforme : contenu drôle, citations inspirantes, photos de qualité... Avant de vous lancer, imprégnez-vous de l'esprit Tumblr.

→ N'oubliez pas de rajouter un lien vers votre site dans la description de la photo partagée. Cela permet de continuer à vous les attribuer.

→ Rajoutez des tags à vos publications afin qu'elles soient trouvées plus facilement. Et comme pour les autres réseaux, utilisez des tags en français et en anglais.

# L'essentiel

**Pinterest, Instagram, Tumblr : quels points communs ? quelles spécificités ?** Pour émerger sur ces plateformes, vous avez tout intérêt à travailler les hashtags ou tags et à adopter une véritable démarche d'interactions avec les autres membres.

**Pinterest.** C'est l'outil de curation visuelle par excellence. Si vous avez un site e-commerce, Pinterest peut vous aider à conquérir de nouveaux clients. Dans tous les cas, comme la plateforme est davantage utilisée par des Anglo-saxons, Pinterest peut vous aider à vous faire connaître en dehors de nos frontières.

**Instagram.** De manière basique, vous pouvez vous servir de l'application pour créer des visuels intéressants que vous pourrez réutiliser dans vos autres espaces. Pour aller plus loin, vous pouvez engager des « Instagramers » en reconnaissant leur contenu.

**Tumblr.** Si votre activité est visuelle, Tumblr peut être un bon outil de création de blog.

# Vers un plan d'action

- Lequel de ces trois outils serait le plus utile pour votre activité ?
- Lequel de ces outils vous attire le plus à titre personnel ? (Si vous êtes allergique au smartphone, Instagram ne sera pas la bonne plateforme pour vous).
- Vos clients, prospects ou certains influenceurs sont-ils actifs sur ces médias ?
- Quel objectif vous donnez-vous ?

# Conclusion

*Attendre d'en savoir assez pour agir en toute lumière,*
*c'est se condamner à l'inaction.*
JEAN ROSTAND

## Que retenir de cet ouvrage ?

### Des médias sociaux devenus incontournables

Le nombre d'internautes français membres de réseaux sociaux ou les chiffres d'usage de plateformes de partage telles que YouTube montrent que ces médias font désormais réellement partie de notre quotidien. À cela s'ajoute le fait que Google accorde de plus en plus d'importance aux contenus et liens qui y sont partagés, ainsi qu'aux interactions qui s'y produisent.

La question n'est donc pas de savoir si vous devez utiliser les médias sociaux mais bien comment vous pouvez les utiliser dans le cadre de votre création d'entreprise.

### Des outils qui peuvent être utilisés pour atteindre de multiples objectifs

Au même titre qu'il existe de multiples plateformes, les objectifs qu'un entrepreneur peut atteindre grâce aux médias sociaux peuvent, eux aussi, être très divers. Que ce soit le développement et l'entretien de son réseau professionnel, la fidélisation de ses clients, la veille sectorielle, le développement de son identité numérique... les applications ne manquent pas. L'enjeu est de choisir vos objectifs prioritaires et en fonction de ceux-ci, de choisir la stratégie et les plateformes à utiliser.

### Votre temps est précieux, soyez sélectif

Pour ne pas vous disperser mais investir votre énergie au bon endroit, clarifiez vos objectifs et choisissez vos médias en conséquence. Évitez de multiplier les espaces à animer, au moins au début.

Soyez également réaliste. Si créer vos propres espaces sur Facebook, Twitter, YouTube, par exemple, vous paraît trop chronophage au lancement, contentez-vous de participer aux conversations en gardant vos objectifs en tête. Cela vous permettra en plus de vous habituer à la tonalité des échanges sur chaque média.

**Quelle que soit votre stratégie, 3 facteurs clés de succès**

Trop souvent, les médias sociaux sont utilisés comme des outils de diffusion de contenus et la partie sociale est occultée. Pour réussir sur les médias sociaux, il faut réinjecter le facteur humain :

→ Partager du contenu intéressant pour votre cible. Si vous ne vous fixez pas cette exigence, vous allez simplement rajouter du bruit ambiant et n'obtiendrez pas de résultats.

→ Créer du lien avec les autres internautes. Ce qui signifie que, quel que soit le média, et c'est encore plus vrai pour les réseaux sociaux, vous devez consacrer une partie de votre activité à l'interaction avec les autres membres.

→ Établir une présence et une action dans la durée. Les internautes récompensent l'opiniâtreté ou *a minima* la régularité.

**Pour réellement comprendre, passez à l'action**

La règle des 70 : 20 : 10 vient initialement du monde de la formation. Selon cette règle, 70 % de ce que vous apprenez vient de l'expérimentation. Il s'agit d'apprendre en faisant. Et sur les médias sociaux comme ailleurs, le seul moyen pour vous de réellement comprendre et progresser est de vous lancer. Alors, je vous invite à expérimenter, mesurer, ajuster…

Pour continuer à découvrir les médias sociaux, retrouvez-moi sur mon blog : *www.MediasSociauxPourEntrepreneurs.com*

Enfin, pour télécharger les compléments en ligne, rendez-vous sur la page de l'ouvrage, sur le site Dunod :

**www.dunod.com**

# Ressources

Les ressources, blogs, sites traitant des médias sociaux abondent sur Internet ; voici une sélection de sites utiles.

Pour continuer à apprendre pourquoi et comment se servir des médias sociaux quand on est entrepreneur :

→ Place des réseaux – www.placedesreseaux.com : webmagazine à destination des entrepreneurs, qui traite notamment de e-réputation, d'identité numérique et de l'usage des médias sociaux. Ce site est une initiative du Salon des micro-entreprises.

Trois sites pour suivre l'actualité des médias sociaux :

→ Emarketinglicious – www.emarketinglicious.fr, animé par Isabelle Mathieu.

→ Kriisiis – www.kriisiis.fr, animé par Christophe Ramel.

→ Médias sociaux pour entrepreneurs – www.mediassociauxpour-entrepreneurs.com, que je co-anime et dans lequel vous retrouverez des conseils pratiques et des exemples adaptés aux entrepreneurs.

Deux sites d'analyse stratégique des médias sociaux :

→ Médias sociaux – www.mediassociaux.fr, animé par Fred Cavazza et Cédric Deniaud.

→ Presse-Citron – www.presse-citron.net, blog créé par Éric Dupin, qui traite de sujets liés à Internet et aux médias sociaux.

## Dans la même collection

Conception et mise en page : PCA

72124 – (II) – (0,6) – 3135 – OSB 90° – PCA – MGR
Dépôt légal : janvier 2015 – Suite du tirage : janvier 2016
Achevé d'imprimer par Dupli-Print à Domont (95)
N° d'impression : 2016011018
www.dupli-print.fr
*Imprimé en France*